MW00900565

EL NIÑO AUDAZ QUE VENDÍA LIMONADA$

Tachito Emprendedor

Dedicado a todos los emprendedores y a quienes los apoyan.

Emprendedores, jamás se rindan.

Autor: Marco Israel Montes Medina.

Edición e ilustración: Miguel Angel Mosqueda Juárez.

ÍNDICE

Prólogo 7

La vida cotidiana de Tachito 8

Tachito percibiendo la vida

financiera de los adulto$ 10

Tachito investigador 13

Tachito quiere poner su negocio 26

Tachito planeando su negocio 32

Comienzan los retos del emprendimiento

para Tachito ¿Cómo los superará? 37

Reacción de Tachito ante el

escenario actual 89

PRÓLOGO

La intención de este libro es ayudar a los soñadores a convertirse en emprendedores y a realizar sus sueños, o bien, si ya emprendieron, a que fortalezcan sus habilidades para continuar emprendiendo nuevos proyectos; así mismo se busca reforzar la idea de preparar a los niños otorgándoles los medios para generar una mentalidad que los lleve a ser personas que trasciendan en la vida. La historia es simple y la intención es que cualquiera pueda llegar a comprender los principios básicos del emprendimiento.

Aquí encontraremos la historia de un niño a quien llamaban **Tachito,** una historia que nos sumergirá en la travesía de su temprana vida emprendedora y descubriremos cómo se le ocurrió vender limonadas para ayudar a sus papás con los gastos de la familia, y por qué no, poder comprar las cosas que él quiere para sí.

Las situaciones en las que Tachito se verá envuelto se basan en posibles escenarios con los que cualquier persona emprendedora se pudiera involucrar.

LA VIDA COTIDIANA DE TACHITO

La vida cotidiana de Tachito

Tachito es como la mayoría de los niños, sin embargo hay algo en él que lo diferencia, tiene varias cualidades y valores que lo hacen resaltar, entre ellas podemos encontrar que es muy observador, le gusta charlar, preguntar todas las dudas que se le vienen a la cabeza e incluso tiene la virtud de saber escuchar, le encanta asistir al colegio y disfruta mucho de hacer sus tareas, cabe mencionar que también es un niño al que le gusta divertirse, adora los videojuegos, respeta y cuida a los animales, le fascinan los caramelos y en sus ratos libres juega con sus amigos. Los padres de Tachito participan en la religión católica y es por esto que todos los domingos asisten a misa.

TACHITO PERCIBIENDO LA VIDA FINANCIERA DE LOS ADULTO$

Tachito percibiendo la vida financiera de los adulto$

¿Recuerdan que les conté que Tachito era muy observador y muy bueno para escuchar? Bien, en varias ocasiones Tachito veía que sus papás estaban preocupados por algo, algunas veces manoteaban o discutían entre ellos y en ocasiones alguno de los dos levantaba el tono de su voz, ¿A qué se debía esto? Tachito comprendió que era porque el dinero que ganaban sus papás no alcanzaba para solventar los gastos de la casa, aun siendo sus papás muy trabajadores; Su padre trabajaba en una empresa nacional muy reconocida y los fines de semana conseguía empleos parciales para poder llevar más dinero a su hogar, sumado a esto, su mamá vendía cosas por catálogo y ayudaba a sus vecinos con el aseo de sus casas. A pesar de todo el esfuerzo que ponían siempre decían que lograban llegar a fin de mes muy justos, algo muy distinto a lo que Tachito veía en sus vecinos, quienes tenían una casa más grande y bonita, acababan de adquirir otro auto y además constantemente compraban cosas nuevas, todo indicaba que ellos llevaban una vida más holgada en cuanto al tema del dinero.

Sí, Tachito vivía feliz, sin embargo algunos días sentía algo raro en él, una gran tristeza por ver a su familia en esa situación, luchando y esforzándose de más para conseguir llegar a fin del mes, él pensaba en todo el trabajo que hacían sus padres, siempre de un lado a otro, buscando empleos adicionales o trabajando horas extras, imaginaba a su madre lavando montones de ropa y a su padre despertando cada vez más temprano y llegando más tarde a casa, fue entonces que algo le llegó a la mente, recordó a una de las familias a las que su mamá les ayudaba con el aseo, la cual reflejaba también una vida más holgada, salían de vacaciones dos o más veces al año a pesar de que tenían tres hijos, fue entonces cuando Tachito se formuló la pregunta más importante y grandiosa que se había hecho hasta ahora, "¿Cómo lo hacen?", tenía que descubrir qué era para así poder ayudar a sus papás, fue así que Tachito sacó a relucir sus habilidades y comenzó su trabajo de investigación.

TACHITO INVESTIGADOR

Tachito investigador

En un día de descanso mientras su papá se relajaba, Tachito se acercó a él y aprovechó para preguntarle si podían hablar un momento, su papá muy amoroso le dijo que sí. En su hogar no faltaba amor, eso podía notarse, a pesar del estrés y el arduo trabajo, sus papás siempre tenían tiempo para él. Su padre lo invitó a sentarse y se dispuso a escuchar, Tachito sin dudarlo preguntó.

– ¿A qué se dedican los vecinos que viven en la casa con portón blanco? – preguntó señalando con el pulgar en dirección de la casa.

Su padre inmediatamente le contestó que el señor tenía una empresa de distribución de materiales de construcción y productos ferreteros, que la señora era médico especialista en traumatología y ortopedia, agregó que se había ganado su prestigio por su profesionalismo atendiendo en su propio consultorio donde daba consultas y hacia curaciones menores ya que las operaciones se hacían en hospitales que contaran con los equipos y la tecnología necesaria.

Tachito pensaba en todo lo que le dijo su papá y se sintió contento por la respuesta a su pregunta, aunque no estaba totalmente satisfecho, fue entonces que decidió ir más allá, es así que su aventura como investigador comenzaba.

Al día siguiente empezó por observar lo que pasaba en el domicilio de sus vecinos ricos, en la casa del portón blanco. Notó varias cosas importantes, pero lo que más llamó su atención es que a pesar de que las luces se encendían muy temprano sus vecinos no salían despavoridos a sus trabajos, solamente lo hacían cuando llevaban a sus hijos al colegio, en ocasiones el papá y otras veces la mamá; una vez que regresaban era hasta más tarde que salían a sus trabajos en distintos horarios cada quien en su respectivo vehículo.

Tachito sólo conocía las horas de salida y los vehículos de cada quien, no tenía idea de hacia dónde se dirigían, sabía que los sábados las luces de la casa no se encendían tan temprano y que sus vecinos salían más tarde que cualquier otro día como si fueran a trabajar, la diferencia es que regresaban en cuestión de dos o tres horas, por cierto notándose en sus rostros un aire más fresco y relajado. Tachito estaba dispuesto a descubrir el destino de cada uno y decidió idear un plan para seguirlos, un fin de semana seguiría a uno y después al otro, comenzando por la mamá, recordó que en la charla que tuvo con su padre éste le mencionó que el consultorio no estaba lejos de la colonia en comparación con el negocio del señor.

Los días pasaron y llegado el primer sábado Tachito se dispuso a seguir a la doctora, preparó su bicicleta y observó de lejos la casa, después de unos minutos la puerta eléctrica se abrió y pudo ver el automóvil de su vecina, una vez que el auto comenzó a avanzar, Tachito se dispuso a seguirlo; no recorrieron mucha distancia cuando llegaron al consultorio, mismo que era fácil de identificar ya que tenía un letrero muy grande, llamativo y con información muy clara. Al leer lo que decía, se dio cuenta que en el edificio había dos doctores y cada uno tenía su espacio, siendo su vecina el médico principal, mientras que uno de sus colegas el secundario quien brindaba consultas como médico general, quería conservar toda la información así que corrió a una tienda que estaba cerca donde pidió prestado un bolígrafo y un pedazo de papel al encargado.

Tachito anotó los datos más importantes, tales como: las páginas en redes sociales, su sitio web, número fijo, móvil, horarios, servicios, etc. Habiendo apuntado todo regresó a la tienda a devolver el lapicero agradeciendo por la ayuda brindada. Volvió a casa muy entusiasmado y con algunas dudas en su cabeza, una vez ahí pidió permiso a su mamá para utilizar el ordenador, ella autorizó argumentando que sólo por un rato, Tachito agradeció y salió disparado a investigar en Internet los datos que había anotado, comenzando por el sitio web del consultorio.

Mientras navegaba comenzó a realizar en su mente una rápida comparación entre el consultorio de su vecina y del doctor con el que lo llevaban cuando no acudían al servicio médico del seguro social, percibiendo varias diferencias, una de las más notables era la apariencia de la fachada, ya que el consultorio al que lo llevaban estaba un poco descuidado, no tenía suficiente información y no había algo que indicara que en ese lugar se prestaban servicios médicos.

Una vez que logró entrar al portal digital encontró los siguientes datos:

1. Nombre del consultorio.
2. Nombre del médico principal, cédula profesional y su especialidad.
3. Nombre del médico general y su cédula profesional.
4. Los horarios de servicio.
5. Que el médico principal atiende sólo bajo cita, misma que se podía realizar con la secretaria mediante una llamada, de forma personal o bien por medio del sitio web.
6. El segundo médico atendía bajo cita y también programaba a los pacientes conforme fueran llegando, eso sí, teniendo un máximo por día.
7. Había un punto muy importante donde decía que en caso de ausencia temporal de la Dra. Principal, el doctor secundario atendería situaciones no graves ni de emergencia de los pacientes de la Dra. Y todo esto sin ningún costo.

8. También mencionaba una lista de hospitales donde se atendían las urgencias y un par de especialistas con los que se apoyaba en caso de que ella pudiera llegar a ausentarse.

Además de todo lo que observó le llamó la atención el hecho de que se promocionara tanto, tal como si fuera un centro comercial o algo por el estilo, ya que recuerda haber visto en el camino a su casa y en diferentes puntos de la ciudad algunos anuncios donde también se publicitaba.

Al llegar la noche Tachito se fue a dormir contento, sentía que había avanzado en la meta que se propuso, ya que durante el día obtuvo información bastante interesante.

Durante la siguiente semana Tachito ansiaba que llegara el sábado, anhelaba comenzar con la investigación sobre el negocio de su vecino, en esta ocasión no estaba muy seguro de seguirlo ya que la distancia era mayor y esto representaba más riesgos.

Tachito recordó todos los consejos que su padre le había dado sobre circular en bicicleta, lo que le había explicado sobre los señalamientos de tránsito y la importancia que tenían, también vino a su mente uno de sus amigos que es un poco más grande que él y que seguro estaría dispuesto a acompañarlo a cambio de un refresco, esto lo animó a continuar con su plan.

A mitad de semana se encontró con su amigo, aprovechó y le hizo la petición de que lo acompañara en su misión, de esta manera disminuiría el riesgo que representa andar por la ciudad; al ver tanto interés de su parte, su amigo aceptó acompañarlo, sin embargo además del refresco también quería un refrigerio a cambio, Tachito aceptó dejándole claro que la bebida se la pagaría al llegar al destino principal y el resto hasta estar de vuelta en su casa.

Llegó el sábado y juntos se dispusieron a seguir al vecino; durante el trayecto Tachito notó algo muy similar a lo que vio en su investigación sobre el consultorio, en el camino había anuncios sobre los postes y en otros lugares de la ciudad, todos tenían la misma imagen que ya había visto antes en las camionetas que llegaban a la casa de su vecino, este diseño al parecer era la marca del negocio.

Cuando al fin llegaron a su destino, Tachito pudo observar que había varios letreros, unos más grandes que otros y el más llamativo de todos era el de la propia empresa, los otros pertenecían a otras marcas que ahí se comercializaban.

Esta vez Tachito iba preparado con un bolígrafo y un cuaderno para hacer las anotaciones necesarias, se dispuso entonces a escribir lo que veía, comenzando con el letrero más llamativo que decía lo siguiente:

FERREMATER

Distribuidora ferretera y materiales para construcción.

Vendemos menudeo y mayoreo.

Local y foráneo (Atendemos a toda la región)

Además de que mencionaba su teléfono, sitio web, redes sociales y horarios.

Después de anotar los datos importantes, ambos regresaron a casa, Tachito le pagó a su amigo el refrigerio que había prometido y además, le invitó otra bebida aparte de la que ya le había pagado. Una vez en casa pidió permiso para usar el ordenador e investigar lo que había en la red acerca de la empresa de su vecino, los datos adicionales que encontró fueron los siguientes:

- Las ciudades que estaban dentro de sus parámetros de distribución.
- Cuenta con un catálogo de los productos donde exhibe precios y fotos.
- Los precios se muestran de menudeo y mayoreo.

- Hay un apartado con información sobre apoyos que tienen para emprendedores minoristas.
- Asesoría especializada en atención a constructoras.

Algo que llamó su atención fue un apartado que hacía referencia a una MISIÓN, VISIÓN y VALORES de la empresa, dato curioso que investigaría a fondo. También notó que había fotos de los vehículos de la empresa y de algunos empleados que portaban uniformes que tenían los mismos colores de los anuncios y de la fachada de la bodega que vio antes.

Con toda la información recabada, Tachito se dio cuenta que los negocios de sus vecinos eran muy exitosos comparándolos con otros similares, y así como recordó el consultorio donde lo llevaban a él cuando enfermaba, también vino a su mente cuando sus papás le hicieron arreglos a la casa y que en la camioneta donde llevaron el material no tenía ninguna clase de diseño pintado, estaba descuidada y el trabajador aparte de que no traía uniforme, llevaba botellas vacías de cerveza entre la mercancía, además de que dicho empleado tuvo que regresar más tarde a dejar un costal de cemento que no había entregado y que, según él, había olvidado bajar, la verdad es que no habría vuelto si el papá de Tachito no hubiera llamado para reclamar el faltante.

TACHITO QUIERE PONER SU NEGOCIO

Tachito quiere poner su negocio

Al ver el éxito de sus vecinos, Tachito se dio cuenta que él también podía lograr algo importante haciendo algo similar, quizás no tenía la edad ni los conocimientos necesarios, aunque sabía que podría aplicar los principios y estrategias que aprendió investigando los negocios de sus vecinos.

Pensó durante algunos días qué es lo que podría hacer para generar un ingreso extra que ayudara en la economía de su casa y que esto no representara tener que dejar de estudiar, tampoco dejar de jugar periódicamente con sus amigos.

Lo que se avecinaba para Tachito era una decisión importante y con ella una gran tarea, lo único que sí tenía claro es que el lugar donde establecería su negocio sería en la cochera de su casa, eso sería lo más indicado ya que apenas tenía doce años y no tenía suficiente dinero para pensar en un local más grande y céntrico.

Los siguientes días Tachito se dispuso a buscar en Internet todo lo referente a negocios fáciles de iniciar desde casa o sin gran cantidad de inversión, también se dio a la tarea de ver qué podrían necesitar las personas de la colonia así como las que transitaban por ahí. Lo que más le llamo la atención fue ver la cantidad de gente que pasaba para ir al parque que estaba cerca de donde vivía. Unos iban a pasar un rato agradable en medio de los árboles, y otros aprovechaban para ir a correr. Al estar pensando en esto Tachito recordó que tiempo atrás había una señora que llegó a vender bebidas frescas de sabores y que bastante gente las compraba, esto cuando ella decidía atender su pequeño negocio, porque una vez que comenzó a tener éxito, la señora salía a vender de manera irregular, además subió el precio de sus productos sin una razón lógica y la calidad de los mismos disminuyó considerablemente, por estos motivos perdió clientes, disminuyeron sus ganancias y tuvo que cerrar.

Cabe mencionar que por su casa pasaban los alumnos de dos colegios que estaban cerca y que por cierto, estaban por salir a vacaciones de verano. Tachito quería aprovechar ese periodo para empezar y fue así que decidió vender limonadas, es un producto fresco que a la mayoría de las personas pudiera gustarles y que seguro quienes pasaran por ahí querrían adquirirlo en un día caluroso, Tachito sabía que sus bebidas tenían que ser diferentes a las demás, tener un distintivo, algo que aumentara el interés de los futuros clientes.

Al ver que su mamá acostumbraba ir al mercado entre semana, Tachito le pidió de favor si podía cambiar el día para los sábados porque él quería acompañarla, tenía la intención de ver los precios de lo que necesitaría para poder vender sus limonadas. Su mamá aceptó y fue así que planearon la próxima salida.

Mientras llegaba el día, Tachito le platicó a su papá que quería vender limonadas en la cochera de su casa y le pidió permiso para hacerlo, por lo que inmediatamente y sin el afán de hacer menos a su hijo le dijo que **cualquier proyecto, por muy simple que pareciera, requería de responsabilidad y dedicación**, además habría ocasiones en las que el negocio podría presentar pérdidas por las bajas ventas o el mal manejo de los recursos, su papá aprovechó para platicarle sobre su trabajo y cómo manejaban ellos la mercancía desde su recepción hasta que se vendía, le habló también del robo y el desperdicio, podemos decir que resaltó más los peligros y riesgos que existían que los beneficios que un negocio podría traer consigo, esto no desanimó a Tachito, ya que él tenía muy presente el éxito de sus vecinos, y sabía que así como pudiera haber perdidas, también se podrían dar ganancias.

Al final el papá le dio permiso, dejándole claro que tenía que empezar hasta que estuviera de vacaciones, no quería que descuidara sus estudios, Tachito aceptó sin oponerse, además sabía que primero tenía que planear su comienzo.

Antes de terminar la conversación, su papá agregó que podía contar con su apoyo, que él le ayudaría a conseguir todo lo que estuviera en sus manos.

TACHITO PLANEANDO SU NEGOCIO

Tachito planeando su negocio

Para tener más claro el proceso a seguir, Tachito enlistó los siguientes puntos:

1. Comenzar el negocio con ayuda de sus padres, y en dado caso de necesitar ayuda buscaría a algún conocido para ofrecerle formar una sociedad.
2. En el negocio se dedicaría a vender limonadas al estilo tradicional, aunque pensando en ofrecer algo diferente y a la vez más refrescante decidió que también ofrecería las bebidas al estilo frappé.
3. Definió quienes podrían ser sus potenciales clientes.
4. Decidió que ofrecería una relación seria, amable y con excelente atención para con el cliente, todo basado en la honestidad.
5. Realizó un listado de los recursos que le faltaban para comenzar.
6. Tenía que decidir el nombre de su negocio y la imagen que lo identificaría.

7. Decidir en dónde surtiría su materia prima e insumos.
8. Identificar el costo de los productos de su menú, así como definir el precio venta de cada uno, también necesitaría establecer una meta de ventas para cada día, una cantidad que le permitiera mantener un negocio sano financieramente para después ayudar económicamente en su hogar.

Retomando el punto número 5 esto fue lo que requería:

1. Como se había mencionado, iniciaría su negocio en la cochera de su casa.
2. Dos mesas, una para acomodar los productos terminados y otra para preparar las bebidas, así que optó por utilizar una que tenía en su cuarto, la cual usaba para sus juguetes y objetos personales, sin embargo sabía que si ordenaba su habitación podría disponer de ella.
3. Recordó que su mamá tenía guardada una licuadora que ganó en una rifa y que estaba nueva.

4. Revisando la cochera se dio cuenta que no había contactos eléctricos, por lo que también anotó en su lista que necesitaría una extensión.
5. Necesitaba un exprimidor ya que el que tenían en casa aunque su mamá se lo facilitara no era el adecuado.
6. Requería también de una tabla de corte y un cuchillo para partir los limones, utensilios que su mamá aceptó prestarle siempre y cuando fuera muy cuidadoso mientras adquiría práctica.

En este punto Tachito comenzó a idear lo que haría para juntar el dinero que necesitaba para adquirir todo lo necesario, así como para lo que se fuera presentando, afortunadamente aún había tiempo ya que faltaba un mes para salir a vacaciones, fue entonces que se hizo dos preguntas **"¿De cuánto dinero dispongo?, ¿Qué tengo que hacer para conseguir el resto?".**

Por lo que realizo la siguiente lista:

1. Tenía dos alcancías, una para comprarse ropa y otra para algún video juego o figura de acción, tenía claro que las usaría a pesar de que esto significara sacrificar el propósito de cada una.

2. Su mamá siempre le preparaba el desayuno que se llevaba al colegio, y su papá le daba dinero para que se comprara un dulce o algún gusto. Decidió ahorrar lo que el papá le daba.
3. En la casa de sus abuelos siempre recibía una mesada, de manera que cuando no podía visitarlos, ellos le guardaban ese dinero, esto también lo ahorraría.
4. En el colegio tenían una caja de ahorro y precisamente el dinero acumulado se lo entregarían al final del ciclo escolar.
5. Tachito sabía que en el colegio tenía amigos que no les gustaba hacer fila en la cafetería, por lo que se ofreció a realizar sus compras a cambio de un pago.
6. Tenía varios juguetes y ropa que ya no utilizaba, los vendería para conseguir más dinero.
7. Uno de sus abuelos siempre le decía que persiguiera sus sueños y que contara con él para lo que necesitara, y aunque al principio no pensaba molestarlo, no descartaba ese apoyo.

COMIENZAN LOS RETOS DEL EMPRENDIMIENTO PARA TACHITO ¿CÓMO LOS SUPERARÁ?

Comienzan los retos del emprendimiento para Tachito ¿Cómo los superará?

Era una tarde tranquila, Tachito se encontraba en su habitación mientras que su mamá estaba acomodando la alacena, unos golpecillos en la puerta rompen la rutina y la madre es quien sale a ver quién está tocando, como Tachito siempre estaba atento a todo, decide acercarse para acompañarla y ver de quién se trataba, al abrir la puerta se encontraron con un señor de unos 40 años muy bien vestido y de aspecto serio, se presentó muy amablemente agregando una disculpa por el atrevimiento de su repentina visita y de la propuesta que estaba a punto de hacerles.

– Sé muy bien que no hay ningún letrero de "Se renta", sin embargo estoy interesado en ofrecerles un trato, me interesa su cochera para ubicar una de mis papelerías. – Dijo aquél hombre con amabilidad.

– Estoy dispuesto a acondicionar y construir lo que haga falta para que luzca como un local comercial, siempre y cuando los gastos me los tomen a cuenta de renta. – Prosiguió.

La mamá inmediatamente le dijo de manera muy amable que por el momento no estaban interesados en rentar la cochera y que además, tenían pensado utilizar el espacio para un negocio familiar. El señor insistió y dijo estar dispuesto a pagar $ 1,200.00 más impuestos mensuales durante el primer año, así como aceptar un incremento en la mensualidad de acuerdo a la ***inflación anual****, además les dejaría un mes de depósito o lo que fuera necesario, manifestándoles también la disponibilidad de firmar un ***contrato**** hasta por tres años. Para aumentar el interés en la familia aquél hombre resaltó que así, sin que ellos hicieran más esfuerzo estarían recibiendo un ***ingreso pasivo**** durante los siguientes tres años, además de que su propiedad incrementaría de valor por lo que se fuera a construir.

*Inflación: Puede entenderse como el aumento de los precios en los productos y servicios de acuerdo a la oferta y la demanda de los mismos, provocando la mayoría de las veces una pérdida en el poder adquisitivo de la población.

*Ingreso pasivo: Entiéndase como el ingreso que se obtiene sin necesidad de realizar un mayor esfuerzo o después de haberlo realizado, o bien, sin necesidad de que el beneficiado esté presente.

*Contrato: Acuerdo legal oral o escrito entre dos o más personas con capacidad jurídica.

La mamá cambió de una actitud decidida a un gesto que le hacía pensar a Tachito que ella aceptaría el trato, y antes de que pudiera decir algo, el hombre le dijo que lo pensara, que hablara con la familia acerca de la oferta, le extendió la mano para ofrecerle una tarjeta de presentación donde tenía su número por si decidían contactarlo, posteriormente se despidió de ambos con una sonrisa.

Tachito salió disparado hacia su cuarto con los ojos llorosos, saltó a su cama y estando ahí no pudo contenerse, su mamá un poco angustiada se apresuró a verlo ya que se había dado cuenta que su hijo había escuchado todo y que seguramente aquello lo había entristecido.

Los sentimientos de Tachito estaban encontrados, por una parte le daba gusto que sus papás tuvieran la opción de recibir un ingreso mensual sin hacer alguna labor adicional, por otro lado veía frustrado su sueño de emprender. Su mamá se acercó a él y le dijo con una voz suave que no se preocupara, que la decisión no estaba tomada, primero tenía que contarle a su papá, hablarían del asunto y lo decidirían basándose en lo que fuera más conveniente para todos.

Esa tarde el padre de Tachito llegó cansado, aun así mientras comían les contaba cómo había estado su día. Después de haber terminado sus alimentos y que Tachito se había retirado, la mamá comenzó a platicarle acerca de la visita que habían tenido, inmediatamente el padre se mostró muy interesado ya que esa propuesta venía a aligerar la carga financiera mensual, además de que su propiedad tendría una ***plusvalía****. Tachito estaba escuchando todo sin que sus papás lo supieran y ese día se fue a dormir muy triste.

*Plusvalía: Entiéndase como el valor aumentado en una propiedad debido a remodelaciones o causas externas que beneficien el área.

Al día siguiente llegando del colegio, Tachito pidió permiso para usar el ordenador, una vez que su mamá accedió se dispuso a investigar todas esas palabras que había escuchado durante la charla del día anterior, sobre todo aquellas que le habían causado más intriga, ***ingresos pasivos, inflación, plusvalía, impuestos*, contratos***, aprovechó también para investigar sobre las papelerías del señor que estaba tan interesado en la renta de la cochera buscando los datos en la tarjeta de presentación que este le dio a su mamá.

De toda la información que encontró se dio cuenta que cada palabra era muy importante, siendo un término en especial el que llamó su atención, ese era el tema de los ***ingresos pasivos***, al descubrir de lo que se trataba se dio cuenta de que sus papás se lo merecían y de que él no era capaz de quitárselos, era algo que les ayudaría bastante con las cuentas y eso significaría un desahogo financiero para ellos a fin de mes, por lo que Tachito comenzó a pensar en qué podría hacer para poner su negocio y al mismo tiempo conseguir que sus papás recibieran ese ingreso.

Tachito esperaba con ansias a que llegara el domingo, quería charlar con su abuelo, ese que tanto le aconsejaba persiguiera sus sueños, él le ayudaría a encontrar el rumbo y seguir con ánimos. Una vez que llegó el día Tachito lo abordó y le pidió que lo escuchara unos minutos por qué requería de su consejo.

El señor muy contento de que su nieto lo tomara en cuenta, se dispuso a invitarlo al jardín para charlar. Tachito lo puso al día sobre su proyecto y lo que había pasado durante la semana, después de escuchar detenidamente el reto que se le presentaba, el abuelo le hizo la siguiente pregunta:

-*¿Crees que en algún momento tú puedas pagarles esa renta a tus papás?*

*Impuesto: Entiéndase como el pago que realizan los ciudadanos y las empresas al gobierno de cada país, cuyos fondos son utilizados para beneficio del mismo.

Fue entonces que Tachito realmente se dio cuenta que poner un negocio no era cosa sencilla, que para poder pagar esa renta tendría que vender una gran cantidad de bebidas y que seguramente iba a ocupar de alguien que le ayudara, también que a esa persona tendría que darle un pago por su trabajo.

Regresando a la pregunta, Tachito no respondió inmediatamente, le pidió tiempo para realizar unas cuentas y ver las posibilidades que tenía de poder pagar esa renta, su abuelo le ofreció de plazo una semana y le dijo que le diera la respuesta el próximo domingo cuando volviera a visitarlo, de inmediato Tachito dijo que no, que ese mismo día antes de irse tendría el dato, llevaba consigo una libreta con apuntes y en lugar de ir a jugar con sus primos se dedicaría a eso, una vez más estaba sacrificando algo que le gustaba ya que su proyecto así lo requería.

Al final del día ya tenía una respuesta, había realizado algunas cuentas simulando escenarios basándose en la información de costos con los que ya contaba de cuando fue al mercado, poniendo como referencia para sus productos los precios que manejaba la señora que vendía las bebidas refrescantes cuando su negocio era exitoso.

Tachito respondió lo siguiente:

–Tengo una idea de lo que necesito vender para poder completar el pago de la renta y no sólo eso, sino también de lo que se requiere para poder pagarle a una persona cada día por su trabajo– con un gesto serio agregó – Esto basándome en lo que un día mi papá me dijo que pagaban como salario mínimo en la empresa donde él trabaja. –

¿Acaso Tachito era tacaño y quería pagar lo menos que pudiera? No, sin embargo sabía que primero tenía que cumplir con lo básico. Así que continuó con su respuesta diciendo.

–Haciendo un esfuerzo y por necesidad de poder seguir abriendo el negocio cuando regrese a clases tengo que poder pagarle a una persona a partir del segundo mes de haber comenzado, de la renta creo poder pagar la mitad iniciando el sexto mes y una vez cumplido el año podría pagar esos $1,200.00, aunque sin impuestos. – Dijo Tachito.

Su abuelo se inclinó un poco hacia él y le dijo.

– Mira Tachito, tus papás sí necesitan ese dinero, aunque también es cierto que no tenían pensado recibirlo ya que ellos en ningún momento anunciaron la renta de la cochera, es algo que les llegó de sorpresa, así que de alguna u otra manera podrán salir adelante. Vamos a hacerles la siguiente propuesta a tus papás, les vas a decir que te dejen empezar el negocio, que no renten el local por lo menos un año más, que te den sólo eso, un año, y después de ese periodo y en caso de que tu negocio no continúe, si ellos así lo requieren que renten el espacio.

Tus papás te quieren mucho y es la necesidad lo que los hizo dudar. Aprovechando que eres su hijo les vas a decir que te apoyen los primeros seis meses, que a partir del séptimo mes les vas a empezar a pagar $600.00 de renta y a partir del primer mes del segundo año si el negocio continúa les pagarás $1,200.00 que fue lo que ofrecía el señor. –

Además agregó que él sería su aval en caso de que no pudiera cumplir con los pagos establecidos, dejándole claro que sólo de la diferencia, es decir: *Si Tachito juntaba únicamente $400.00, él pondría los otros $200.00*, y de esta manera según en el mes que fuera hasta por un máximo de dos años, tiempo esperado para que el negocio pudiera mantenerse solo y encima generara ganancias. También resaltó que este acuerdo no era muy diferente a la propuesta del señor, ya que en los primeros años sus papás recibirían menos de $1,200.00 puesto que cada mes el pago llevaría el descuento de los gastos de remodelación.

Terminó el día y con este la visita al abuelo, Tachito y sus papás tenían que volver a casa ya que al día siguiente había clases para él y trabajo para ellos.

Al llegar la tarde del lunes y ver desocupados a sus papás, ni tardo ni perezoso Tachito aprovechó para hacerles la propuesta que había planeado con su abuelo, les habló del pago parcial de la renta al iniciar el séptimo mes y del complemento al comenzar el segundo año, resaltó también la similitud que su propuesta tenía con la del señor. Ambos se miraron sorprendidos al escuchar las palabras de su hijo, todo aquello que Tachito les decía tenía sentido, al terminar de escucharlo le pidieron tiempo para pensarlo, le darían una respuesta al día siguiente por la tarde después de comer.

Tachito fue muy nervioso al colegio, estaba ansioso por saber qué decisión habían tomado sus papás, pasaban las clases y cada hora le parecía eterna, después de una larga espera sonó el timbre indicando la salida. Ya en casa después de la comida asechaba el comedor en busca de una respuesta por parte de sus papás quienes aún hablaban sin que él alcanzara a escuchar lo que decían, daba vueltas por la sala muy inquieto, entonces ocurrió, su papá lo llamó para que se sentara con ellos, con una mirada seria y enfocada fue el papá quien comenzó la charla.

– Tachito, tu mamá y yo hemos decidido que vamos a dejar que empieces tu negocio, sin embargo, si tú y tu abuelo no cumplen con lo que están prometiendo, vamos a poner la cochera en renta porque ese dinero nos vendría de maravilla. – Dijo su papá mientras tomaba la mano de su esposa.

– ¡Trato hecho! – Exclamó Tachito dándoles un fuerte apretón de manos, empezaba a comportarse como todo un negociante.

Después de retirarse a Tachito le vino a la mente el señor de las papelerías, corrió a buscar la tarjeta de presentación y la encontró junto a los recibos que había por pagar, a escondidas de sus papás contactó al señor.

– Buenas tardes señor, mi nombre es Tachito, soy el hijo de los señores que tienen la cochera que usted pretende rentar, mis papás no le han regresado la llamada porque no están interesados por ahora, aunque quiero comentarle que sé de algunas otras casas con buena ubicación que quizás le puedan interesar. – Argumento seguro de sí mismo.

Tachito se sentía bien, eso de negociar comenzaba a gustarle; algunos de sus amigos vivían cerca y sus casas tenían cocheras muy similares a la de ellos, sabía que si el señor hablaba con los papás podría conseguir un trato, así que antes de colgar le hizo una propuesta.

– Señor, si yo lo contacto con el papá de uno de mis amigos para que le rente la chochera de su casa ¿Usted me pagaría a mí lo equivalente a un mes de renta? – preguntó Tachito.

– ¡Vaya, que niño tan listo! – Dijo el señor entre risas. – Mira, si tú me contactas no sólo con una, sino con más personas entonces podemos llegar a un acuerdo, si me consigues tres lugares no sólo te voy a dar lo de un mes, sino que te daré lo de dos ¿Qué te parece? – Concluyó el señor.

Tachito muy contento apenas podía creer lo que estaba escuchando.

– Cuente con ello – respondió Tachito con un tono que indicaba seriedad, además agregó – ¿Por qué está dispuesto a pagar más? ¿Por qué quiere tres casas si al final sólo quiere poner una papelería? – Dijo con demasiada curiosidad.

– ¡Vaya, que niño tan preguntón! – Respondió el señor nuevamente dejando escapar una pequeña risa. – Mira, yo a tus papás les ofrecí la cifra que tú ya conoces porque la ubicación me interesó y hasta ahora no sé realmente dónde están las casas que me vas a conseguir, por eso te pedí tres opciones, para poder comparar ubicaciones y las condiciones en la que se encuentran, de esa manera poder negociar con cada dueño para ver qué términos estarían dispuestos a aceptar, así que procura que las casas que me consigas sean cercanas a la tuya, y si termino por cerrar el trato con alguno de ellos, hasta podría darte una propina, me recuerdas a mí Tachito, yo también comencé desde niño, siempre me gustó la idea de ganarme mi propio dinero, por eso quiero recompensarte bien, no quiero que pierdas nunca ese entusiasmo.–

Una vez establecido el acuerdo ambos se despidieron. Tachito le platicó a sus padres acerca de la llamada que tuvo con el señor ya que pensaba que debido a su edad éste podría pensar en no pagarle al recibir la información, cuando los papás terminaron de escuchar lo que su hijo les decía tuvieron una mezcla de sentimientos, por un lado se sentían apenados, pensaban que el empresario podría imaginar que fue idea de ellos solicitar el pago por encontrar otro local, aunque también estaban orgullosos de tener un hijo con semejantes cualidades y capacidades para negociar.

Y sí, recordando las pláticas con sus amigos y lo que escuchaba en sus casas cuando los visitaba fue que dio con tres opciones que muy probablemente serían del agrado del señor y que los dueños, según él, aceptarían rentar, había una que Tachito aseguraba sería del total agrado del señor para su proyecto, aun así le compartiría la información de las otras dos ya que ese era el trato para poder recibir el doble del pago.

Una vez definidas las opciones se contactó con el señor, y tal como lo suponía eligió la que Tachito creía sería la ideal, resulta que la casa seleccionada se encontraba en la esquina de la cuadra por donde pasaban tanto los que iban a los colegios como al parque, podrán preguntarse ¿Por qué el señor no hizo su oferta inicialmente en esa propiedad? El motivo era sencillo, cuando él fue en busca de un buen lugar para su papelería si vio esa cochera, solo que ahí había un automóvil, fue por eso que no ofertó por el lugar, sin embargo algo desconocía y es que el vehículo lo entregarían en un par de días por lo que ese espacio quedaría libre, Tachito sabía esto porque su amigo le había contado tristemente que su papá lo había puesto a la venta debido a que necesitaba dinero.

Tachito había **detectado** las dos **necesidades**, la del empresario y la del papá de su amigo, él simplemente tenía que unirlas.

En el fondo Tachito sabía que esa esquina era muy buena opción para su emprendimiento, solo que por el momento aprovecharía el acuerdo con sus papás ya que tenía que ajustar el dinero con el que contaba, creía que pagar la renta de ese lugar seguro le quitaría todo o gran parte de lo que disponía.

El dueño de las papelerías se puso en contacto con el propietario de la casa, llegaron a un acuerdo y ambas partes quedaron satisfechas, el trato se concretó, firmaron el contrato de la renta estableciendo $1,700.00 de pago mensual y Tachito recibió su dinero tal cual lo habían acordado él y el empresario, $3,500.00 equivalentes a dos mensualidades y un extra de $100.00 de propina.

Después de esto Tachito pensó que era momento de verificar con cuánto capital contaba, esto fue lo que sucedió:

Quebró sus dos alcancías, en una tenia $900.00 y en otra $1400.00, vaya que tenía tiempo ahorrando, también logró acumular $200.00 al final del mes gracias a que guardó los $10.00 que su papá le daba para el colegio, de la mesada de sus abuelos logró acumular $600.00 y de la caja escolar recibió otros $1000.00. Los últimos días de clases Tachito les hizo las compras a tres de sus compañeros y a cada uno le cobraba $5.00 por día, esto le hizo sumar $300.00 y el primer sábado de vacaciones fue a vender ropa junto con su mamá al bazar de segunda mano donde obtuvo $700.00 más.

Hasta este punto Tachito disponía de $8,600.00 y a pesar de que ya estaba de vacaciones, su papá acordó que le seguiría dando $10.00 diarios para que comprara golosinas o lo que él quisiera, también seguiría recibiendo la mesada de sus abuelos, con eso prácticamente ya contaba con ingresos de $800.00 mensuales independientemente de las ventas del negocio ya que no pensaba gastar, todo el dinero que llegara a él lo destinaría a su proyecto, estaba decidido a realizar ese esfuerzo y no apartar la vista de su meta.

Había llegado la hora de ir a surtir al mercado y comprar lo necesario para empezar a operar, aunque antes de embarcarse a realizar las compras Tachito recordó que estaba olvidando algo muy importante, su negocio no tenía nada que lo distinguiera, fue entonces que se dispuso a pensar en un buen diseño y un nombre que llamara la atención de las personas, sin embargo no podía idear algo ingenioso, lo que se le vino a la mente fue un compañero de clases, un niño con talento para diseñar, recordó que aprovechaba los ratos libres en el taller de computación para dibujar, por lo que se dio a la tarea de ir a buscarlo ya que vivía a dos cuadras de su casa.

Tachito habló con él dejándole claro la idea que tenía para su proyecto, después de un rato acordaron que su compañero le ayudaría a encontrar un buen nombre para el negocio y realizaría el diseño, a pesar de que él lo hacía por gusto, Tachito le dijo que una vez entregado el trabajo le pagaría $50.00 y que además durante los primeros quince días después de la inauguración de su negocio le haría un descuento del 50% si es que deseaba ir por unas bebidas, habiendo pactado todo continuó cada quien con sus pendientes.

En su visita al centro aprovecharía para observar los nombres de los negocios similares al que él emprendería, quería tomarlos como referencia y así tener una idea más clara que le permitiera definir el nombre de su negocio.

Durante su recorrido encontró otros detalles importantes, como el hecho de que a pesar de que tenían una especialidad, también contaban con productos complementarios, lo que lo llevó a pensar en qué otros podría ofrecer él en su establecimiento, pensó que sería buena idea incluir productos tomando en cuenta las diferentes épocas del año ya que en invierno no sería muy común que la gente optara por una bebida fría, sino por algo un poco más cálido, por lo que decidió vender también naranjadas y así darle variedad a su menú, incluso pensó que podría ser una buena estrategia de venta resaltar los beneficios del jugo en tiempos de invierno debido a su alto contenido de vitamina C, esto era algo que tomaría en cuenta en la definición del nombre, le quedaba claro que debía hacer referencia a la venta de diversas bebidas y no sólo de limonadas.

Al volver a casa de su amigo, Tachito ya tenía una idea para el nombre del negocio, ***"LEMONS Bebidas refrescantes"***, muy entusiasmado corrió a decirle, el cual con una sonrisa muy sincera lo recibió y le pidió un día más para entregarle el diseño, Tachito aceptó y le hizo dos peticiones adicionales, una fue que además de lo acordado hiciera una imagen donde incluyera la palabra "***próximamente***" y que también mencionara el domicilio del negocio, continuó diciendo que no se molestara en llevarle los diseños a su casa, él quería volver por ellos al día siguiente para que le guardara el trabajo en una memoria USB.

La tarde siguiente Tachito pasó a casa de su amigo, pagó lo que prometió y después de dar las gracias salió corriendo hasta la papelería más cercana donde pidió treinta impresiones de la hoja donde venía el domicilio y la palabra "**próximamente",** estaba ansioso de que su negocio comenzara a causar expectativa, hizo énfasis en la palabra "próximamente" para no comprometerse aún con fechas y horarios específicos, su idea era comenzar a repartir los folletos, caminó por varias calles repartiéndolos y pasaba algunos otros por debajo de las puertas, estaba consciente de que le esperaba un gran trabajo en cuanto a publicidad ya que lo que leyó en Internet y lo que logró observar en los negocios de sus vecinos lo que estaba haciendo apenas era el comienzo.

Caída la noche comenzó a percibir el fruto de su pequeña estrategia publicitaria, comenzaba a escuchar a algunos vecinos mencionar la palabra "**LEMONS"** y no se diga al día siguiente cuando aún más personas hablaban sobre los folletos que habían recibido, incluso algunos llegaron a pensar que era su mamá quien pondría el negocio sin saber que era el propio Tachito quien estaba detrás de todo eso.

Había llegado el primer martes de vacaciones y Tachito comenzó a acondicionar la cochera para practicar la elaboración de sus bebidas, una vez instalado y con los ingredientes sobre la mesa puso manos a la obra, de esta manera se dio cuenta que por muy simple que pareciera, le llevaría tiempo dominar la preparación, recordó también que aún tenía que determinar ciertos aspectos administrativos como definir el precio de venta de las bebidas, para esto debía obtener el precio-costo de cada una de ellas, por ejemplo: ¿Cuánto costaba cada kilogramo de limón y cuántas limonadas podía preparar con un kilogramo?. También era importante definir el costo de los insumos, es decir, si requería vasos desechables ¿Cuál es el costo por paquete y cuántos vasos contiene?, así hizo con todo, el azúcar, el hielo, los popotes, etc. Procuraría también que todos los productos desechables fueran amigables con el medio ambiente. Al final dio con los costos que a él le representaba la elaboración de cada preparado, estos fueron los siguientes:

PRODUCTO	COSTO DE PRODUCCIÓN
Limonada tradicional	$ 8.00
Limonada frappé	$ 9.00
Naranjada tradicional	$ 9.00
Naranjada frappé	$ 10.00
Jugo de naranja chico	$ 6.00
Jugo de naranja grande	$ 8.00

Tomando en cuenta el precio que tenían las bebidas que manejaban en los negocios del centro que vendían productos similares y considerando que él ofrecería una presentación adecuada, Tachito determinó que él podría venderlas al doble de lo que le costaba producirlos. Entendía que a los alumnos por sí solos quizás se les dificultaría pagar esos precios, aunque también sabía que no eran los únicos prospectos a clientes, agregado a eso recordó que los colegios cercanos eran privados y que seguramente los padres de familia podrían permitirse comprar ese gusto a sus hijos y a ellos mismos.

Antes de continuar había otra cosa que a Tachito le causaba un poco de preocupación, él recordaba haber visto que a los encargados de los puestos que se ponían fuera de su colegio o de los que estaban en el mercado se acercaba un señor a hacer entrega de un pequeño ticket a cambio de un pago, esto lo hacía con todos los que se encontraban ahí, por esto se acercó a su papá y con ganas de saber la respuesta le preguntó de qué se trataba, su papá con una gran sonrisa lo invitó a tomar asiento y se dispuso a explicarle lo siguiente.

– Mira Tachito, esas personas que entregan los tickets en realidad les están cobrando a los dueños de los puestos, ellos son trabajadores del gobierno municipal y realizan ese cobro ya que por lo regular la mayoría de ellos no están registrados ante la secretaría que recaba los impuestos, tampoco pagan renta de un local y en general no están bien regularizados, las autoridades les hacen un cobro y les entrega un boleto para tener un control de todos ellos, así generan listado de cuántos son y cuál es el lugar que les corresponde, no estaría nada mal que vayas considerando ese gasto, porque si esto funciona y continúa creciendo, en un futuro tendremos que registrar tu negocio para que hagas esa contribución, ya que eso sirve para que las dependencias públicas puedan darnos los servicios que tanto necesitamos como agua, alcantarillado y muchos más, también considera separar la cooperación que se le dará al velador de la colonia y a los recolectores de basura, no importa que nosotros ya lo hagamos como casa habitación.

Ya que había escuchado a su papá, Tachito se sentía bastante informado y más seguro de continuar con su negocio, también tenía más bases que justificaban el precio de venta al público de cada uno de sus productos, acto seguido hizo sus cuentas y estableció lo siguiente:

PRODUCTO	COSTO DE PRODUCCIÓN	PRECIO DE VENTA
Limonada tradicional	$ 8.00	$ 17.00
Limonada frappé	$ 9.00	$ 19.00
Naranjada tradicional	$ 9.00	$ 17.00
Naranjada frappé	$ 10.00	$ 19.00
Jugo de naranja chico	$ 6.00	$ 12.00
Jugo de naranja grande	$ 8.00	$ 16.00

¿Qué pasó? ¿No les cuadra? ¿Qué no simplemente iba a doblar el precio? Lo que pasa aquí es que Tachito se dio cuenta de que los clientes podrían enredarse si había muchas variantes de donde elegir, así que decidió compensar unos precios con otros.

Aún tienen dudas ¿cierto? ¿Por qué la naranjada y la limonada frappé que deberían estar en $20.00 disminuyeron a $19.00? Sencillo, es otra estrategia que nuestro Tachito ha implementado, él había leído sobre la importancia de los números en los precios y que luce más atractivo para la mente del consumidor que los números de la izquierda sean más bajos, tal como pasa en esta situación, de esta manera, más allá de perder $1.00 por cada bebida apostaría por generar mayor volumen de venta, el cual representaría mayores ganancias.

Quedaba algo más que Tachito necesitaba realizar, eso era calcular el total de los gastos que el negocio requería para operar, así poder definir el total de ventas que debía alcanzar como mínimo para cubrirlos. Uno de los más importantes para Tachito era el de la renta, tenía que cubrir esa cuota a como diera lugar porque eso le permitiría conservar y continuar con su negocio y además ayudaría a sus papás con ese ingreso.

Tachito tenía que asignarse un sueldo y el negocio tenía que ser capaz de generarlo, sabía que eso no sucedería inmediatamente, sin embargo tenía claro que lo tomaría en cuenta como un gasto desde el principio para que sus objetivos de venta estuvieran acorde a las necesidades básicas y primordiales en la operación, ya pensaría después en la ganancia que quisiera tener como propietario independientemente a su salario.

Otros gastos que Tachito consideró era el incremento en la cuenta de la energía eléctrica, el uso de las licuadoras seguro aumentarían el monto en el recibo y era un gasto del que él debía responsabilizarse; había leído que todo servicio tenía un costo y el negocio debía cubrirlo, así que el Internet y el uso de la computadora fueron otros gastos que incluyó, es por esto que habló con sus papás para acordar un pago, y a pesar de poder gozar de algún descuento o apoyo por parte de sus padres, era indispensable tenerlos presentes porque algún día tendría que pagarlos íntegramente.

Sus papás le dijeron que por el momento no era necesario retribuir de ninguna manera a esos servicios, que considerara pagar una cuarta parte de los recibos a partir del séptimo mes.

Teniendo en cuenta todo lo previsto, los gastos fijos reales que el negocio tiene que ser capaz de cubrir son los siguientes:

CONCEPTO	**GASTO**
RENTA TOTAL	$1,200.00 ($600.00 a partir del séptimo mes)
CUARTA PARTE DE LOS SERVICIOS A PARTIR DEL SÉPTIMO MES	$100.00
SALARIO MENSUAL DE TACHITO	$2,840.00
SALARIO MENSUAL COLABORADOR	$2,840.00
COBRO DEL AYUNTAMIENTO AL MES	$120.00
COOPERACIÓN MENSUAL A LOS RECOLECTORES DE BASURA	$60.00
COOPERACIÓN MENSUAL AL VELADOR	$60.00
TOTAL DE GASTOS FIJOS REALES HASTA EL MOMENTO	**$7,220.00 MENSUALES**

Tachito consideraría teóricamente el pago total de la renta para poder definir los objetivos de venta. A pesar de que no tenía que comenzar pagando la renta ni los servicios, no se confiaría y su estrategia estaría orientada a que la venta mensual fuera suficiente para cubrir esos gastos, más adelante se vería en la necesidad de pagar por ellos de manera independiente y no quería tener sorpresas financieras que no pudiera afrontar.

Tachito se preguntaba sobre las unidades que tendría que vender para poder cubrir todos los gastos, sabía que tenía diferentes productos y precios, mismos que tendría que promediar para generar un objetivo de ventas, sin embargo era consciente de que sólo después de que el negocio operara unos meses podría apoyarse con datos reales para definir proyecciones más certeras.

Tachito contaba con seis productos, hizo una suma del costo de producción de cada uno obteniendo un total de $50.00, lo dividió entre los seis y obtuvo un costo promedio de $8.33, el siguiente paso era sumar el precio de venta al público de cada uno, cuando lo hizo obtuvo un total de $100.00 que dividido entre seis daba $16.66 , teniendo estos datos llegó a la conclusión de que tan solo para poder cubrir los gastos fijos necesitaría generar un ingreso mensual de $7,220.00 y para volver a surtir su inventario necesitaría obtener una cantidad similar, no podía asegurar que las cantidades fueran exactas puesto que estas podrían variar debido a la ***merma**** que pudiera generarse por diversos factores, sin embargo para continuar con la simulación en esta ocasión optaría por duplicar la cantidad para generar su proyección, por este motivo la venta tendría que ser de $14,440.00 y para no descartar las posibles pérdidas y que sus metas no se vieran afectadas decidió aumentar un 15% el objetivo mensual.

Tachito tenía claro que lo primero que tenía que hacer era dar con una cifra que asegurara la continuidad del negocio, posteriormente haría sus cuentas considerando los datos reales, mientras tanto había concluido de que la cantidad a la que tenía que llegar considerando ya el 15% agregado eran $ 16,606.00, lo que significa que para alcanzar esa cifra debería vender 997 bebidas en promedio cada mes, es decir 256 semanales, o bien, 42 por día. Este era el primer reto al que se enfrentaría si quería cobrar un sueldo, pagarle a sus papás la renta, poder cubrir el porcentaje que le correspondía por los servicios utilizados y generar una utilidad que rondaría los $500.00, esto le causaba un gran entusiasmo, aunque era consciente de que sólo se trataba de una proyección.

*Merma: Entiéndase como pérdida o reducción de un cierto número de mercancías debido a un mal manejo de los insumos o por otras causas, tales como administrativas, operativas, naturales o de producción

Tachito quería continuar haciendo cuentas y proyecciones, sin embargo no dejaba de pensar en la poca promoción que le había dado a su negocio hasta el momento, así que puso manos a la obra y rápidamente tomó lápiz y papel para hacer una lista de lo que necesitaría para dar más publicidad anotando lo siguiente:

1. Pedir apoyo a su papá para generar una página digital en cada una de las redes sociales más populares del momento, de esta manera podría informar a las personas acerca de todo lo que encontrarían en su establecimiento.
2. Hacer una visita al negocio que quedaba a tres cuadras de su casa, ahí se dedicaban a hacer productos enfocados a la publicidad, solicitaría gorras, lonas y mandiles con su diseño, además imprimiría más folletos.
3. Comprar vasos desechables más pequeños ya que tenía planeado dar degustaciones la primera semana de iniciadas las operaciones.

4. Para sus bebidas necesitaba agua gasificada, sabía que en su colonia dos embotelladoras abastecían a las tiendas locales con agua natural y mineral, había notado que los repartidores llevaban una playera con el diseño de la empresa para la que trabajaban, y como no portaban gorra, agregó a su lista hacer una propuesta a cada uno de ellos.

En este punto podrían pensar que el tiempo pasa y Tachito aún no abre su negocio, las vacaciones van a terminar, sus papás se cansarán y no le apoyarán más, que quizás sólo fueron ideas muy grandes para un niño tan pequeño. Las cosas no son así, tanto él como sus padres tenían claro que este proyecto no se conseguiría en un parpadeo y que tampoco era algo pasajero, sin embargo sí que es cierto que Tachito tenía que aprovechar todo el tiempo que estuviera de vacaciones ya que su plan era que el negocio funcionara sin él cuando volviera al colegio, de ser posible toda la jornada o al menos unas horas al día.

Durante los próximos días los repartidores de agua abastecerían la colonia, un día uno y al siguiente el otro. Tachito estuvo muy atento esperándolos para poder exponerles por separado lo que tenía planeado.

Una vez que logró hablar con ellos les explicó que estaba por abrir un negocio orientado a la venta de limonadas y otras bebidas refrescantes, por tal motivo necesitaría un proveedor, preguntó por el precio del garrafón de agua natural y por el de las rejas de agua mineralizada, se dio cuenta que la diferencia entre ambas marcas era muy poca, por lo que les hizo la siguiente propuesta:

– Propongo que quien acepte cooperar conmigo, porte una gorra con el diseño de mi negocio mientras está en ruta, a cambio yo me comprometo a publicitar su marca en mi establecimiento, mencionando que mis bebidas están hechas con sus productos, lo mismo se mencionaría en las páginas de las redes sociales, el trato seria por los próximos seis meses y durante ese lapso no cambiaré de proveedor. – dijo Tachito.

Uno de los repartidores rápidamente le dijo que no caería en "jueguitos de niño tonto" y que no contara con él, por otra parte, el segundo le explicó con tacto que no estaba seguro si la empresa para la que trabaja se lo permitiría, también le dijo que su uniforme sólo estaba conformado por el pantalón, la camisa y un par de botas de seguridad, no contaba con una gorra proporcionada por parte de ellos por lo que le parecía buena idea.

– Mira niño, me comprometo a tocar el tema con mis jefes para hacer de tu negocio un nuevo punto de entrega dentro de mi ruta, con la condición de que la gorra sólo he de usarla en esta colonia. – Dijo el repartidor

– En esta colonia y en la más cercana ¿te parece? – Respondió Tachito buscando cerrar el trato con un apretón de manos.

– Está bien niño, acepto. – Dijo el repartidor estrechando la mano de Tachito.

De esta manera comenzaba una larga relación de negocios fructífera.

Una vez que Tachito dio seguimiento a los pendientes de publicidad, volvió al tema de los objetivos de venta, recordemos que su plan no era simplemente tener un negocio que le diera un sueldo, él quería generar utilidades; beneficios de dueño.

Tachito hizo una operación sencilla que le permitía darse cuenta de cuál podría ser el objetivo de venta que necesitaría para generar utilidades más claras; se hizo la pregunta *"¿Qué pasaría si vendiera el doble de lo que se había propuesto en la primera proyección?"*

Después de hacer la operación observó que el objetivo aumentaba a \$33,212.00, si llegara a alcanzar esa cifra podría cubrir el gasto variable y el fijo, quedándole un aproximado de \$ 8,000.00 de utilidades, considerando ya las posibles pérdidas por merma.

Esto implicaba que el reto ahora era vender 1,994 bebidas mensuales en promedio, ¡84 por día!

Con este escenario a Tachito se le dibujaba una gran sonrisa, aunque estaba consciente de que no debía hacerse ilusiones, así que optó por disminuir la cifra a un término medio, algo más realista, esta vez promedió ambos objetivos obteniendo uno nuevo de $24,909.00, lo que representaba vender 1,495 bebidas mensuales en promedio, ¡63 diarias!, cabe resaltar que con esto conseguiría una utilidad que superaba por poco los $4,000.00

Pensarán que los números no cuadran del todo y es que recordemos que Tachito apostaría por vender un 15% más, él consideraba que la merma podría representar un 7.5% del gasto variable.

Tachito había leído bastante acerca de cómo emprender un negocio, administrarlo y cuidarlo, esto lo llevó a encontrar fórmulas específicas para obtener proyecciones, también notó que en ocasiones no había números enteros y que era muy común que aparecieran cantidades con decimales, por tal motivo él quería simplificar todas las operaciones, por esto redondeaba las cantidades a la cifra más alta, con esto el reto era mayor y así, si lograba cumplirlo, con mayor razón se sentiría seguro, más nunca confiado.

Estas proyecciones lo pusieron a pensar, sabía que todo podía pasar, que el hecho de poder alcanzar el objetivo más alto podría representar la necesidad de contratar más personal, haría lo posible porque eso no fuera necesario, aunque estaba seguro de algo, no sacrificaría un buen servicio por ahorrarse algunos pesos, sin embargo sabía que si contrataba más personal tendría que exigirse más venta.

Días después Tachito ya estaba listo para abrir, había recogido la publicidad e instalado todo lo necesario, lo que le quedaba por hacer eran unas cuentas más para saber con cuánto dinero contaba después de todo lo invertido, ya sabía de la importancia de tener una base monetaria a la que se le llama ***liquidez*.***

*Liquidez: Entiéndase por la capacidad que tiene una persona o una empresa para hacerle frente a sus obligaciones financieras.

Recapitulemos, Tachito había gastado surtiendo los insumos y materia prima para elaborar las bebidas, compró equipo de trabajo, gastó en publicidad, uniformes y le pagó a un plomero/electricista para que le ayudara a realizar las instalaciones donde trabajaría, este también le ayudó a colocar la lona con el ***logotipo**** del negocio, cabe mencionar que las personas que ejercen esa clase de oficios son muy importantes en el emprendimiento, sobre todo cuando se trata de acondicionar un local comercial, siempre tendrán trabajo mientras sean cumplidos y honestos.

*Logotipo: Entiéndase como símbolo formado por imágenes o letras que sirven para identificar a una empresa, marca, institución o sociedad.

Después de realizar las debidas operaciones Tachito se dio cuenta que la cantidad con la que contaba eran $2,558.00 de los $8,600.00 con los que inició.

¿Cuáles fueron entonces los gastos de Tachito?

CONCEPTO	**GASTO**
Una mesa.	$ 500.00
Licuadora.	$ 650.00
Exprimidor de limón.	$ 100.00
Exprimidor de naranja.	$ 800.00
Honorarios del plomero/electricista.	$ 800.00
Publicidad.	$ 1,000.00
Tarja y mezcladora (para el lavado de losa y utensilios).	$ 1,000.00
Pintura para algunos muros de la cochera.	$ 500.00
Insumos y materia prima.	$ 692.00
Total	$ 6042.00

Tachito se encontraba ante un reto muy grande puesto que el dinero con el que disponía ni siquiera alcanzaba para pagar el sueldo de un trabajador, forzosamente tenía que generar las ventas suficientes para poder sostenerse, de lo contrario la continuidad del negocio estaría en riesgo.

Veamos qué paso durante la primera etapa. Su mamá le ayudaría a atender el negocio, ella tuvo que hacer un esfuerzo adicional y reorganizar sus horarios ya que también tenía que dedicarle tiempo a las ventas por catálogo y apoyar a sus vecinos con las labores del hogar.

Durante el primer mes el negocio logró alcanzar la cifra de $ 5,531.00 en ventas, con esto Tachito surtió nuevamente su inventario para poder seguir operando. Habiendo resurtido, descontando las pérdidas por merma y pagado los servicios correspondientes al periodo, le quedaban $2,318.00, sin embargo aún tenía que descontar $500.00 que invirtió para las degustaciones, quedando como resultado un total de $1,818.09 de margen favorable y con todo listo para trabajar el próximo ciclo.

Recordemos que Tachito tenía una liquidez que consistía en el efectivo que le quedó después de toda la inversión antes de comenzar operaciones, con lo que generó el primer mes más $800.00 de su mesada acumuló $5,176.00.

Tachito tenía un choque de emociones después de haber realizado las cuentas y percatarse que a pesar de todo el esfuerzo que hizo, su negocio no había sido capaz de generar lo suficiente para cubrir sus necesidades y eso sin contar su sueldo.

Para seguir con la tortura Tachito continuó sacando cuentas, llegó a la conclusión de que la venta real durante el primer mes representaba únicamente la tercera parte del escenario pesimista que había proyectado. Se sintió frustrado, poco entusiasmado, lo que le había ocurrido era muy parecido a lo que su papá le había dicho sobre riesgos y mermas.

Aquél día Tachito se sentía tan triste que tomó el ordenador sin pedir permiso y comenzó a buscar historias acerca del éxito empresarial, su semblante comenzó a cambiar conforme iba leyendo, la mueca triste que tenía se transformó en una pequeña sonrisa al darse cuenta de que en varios de los casos de grandes empresarios habían comenzado con un escenario similar al que él estaba viviendo, sin embargo, ellos continuaron con fe y seguridad en lo que estaban haciendo hasta salir de ese obstáculo. Al haber visto esas historias de éxito, Tachito recuperó el entusiasmo y una vez que aclaró su mente le llegó una idea con la que creía poder hacerle frente a la situación.

A la mañana siguiente desayunó algo rápido para poder comenzar con sus labores, mientras limpiaba y ordenaba pensaba en la posibilidad de conseguir un socio, creyó que podría invitar a formar una sociedad al hijo del señor que tenía la tienda en la cuadra.

Realmente no eran amigos, sólo se saludaban cuando coincidían, sin embargo Tachito lo veía viable debido a su experiencia en la tienda, creyendo también que le podría interesar ser dueño de su propio negocio.

El día pasó como cualquier otro, se vendieron algunas bebidas, después de ordenar y dejar todo listo para el día siguiente fue en busca de su posible socio, una vez fuera de la tienda de abarrotes y al percatarse de que el dueño lo veía, Tachito decidió entrar, afortunadamente encontró desocupado al hijo, por ende amablemente pidió hablar con él, su prospecto a socio aceptó pidiéndole conversar afuera, con una mirada precavida le preguntó a Tachito a qué se debía su extraña visita, este le contestó que estaba en busca de un socio para su negocio, dándole una descripción generalizada de lo que se trataba. Cuando le habló sobre los escenarios moderados y optimistas a su prospecto se le formaba una gran sonrisa, sin embargo cuando comenzó a contarle acerca de lo que había experimentado el primer mes de ventas aquél niño interrumpió inmediatamente para decir:

– Mi papá, entre otras cosas, vende limones aquí en la tienda, por cierto son muy buenos, lo que yo te ofrezco para asociarnos es permitirte que durante la quincena surtas los que quieras, otorgándote un crédito para que lo pagues de la misma manera; quincenal, eso sí, procura nunca atrasarte con el pago. He pasado por tu establecimiento y noté que no cuentas con mobiliario para que tus clientes puedan disfrutar sus bebidas ahí, si no me equivoco lo que vendes sólo es para llevar, te sugiero aportar un par de mesas y ocho sillas, te advierto que no son nuevas, aunque siguen siendo útiles, con esto te propongo que firmemos un contrato donde se mencione que somos dueños de las utilidades por partes iguales, mientras estas no se den tú serás responsable de lo que se requiera financieramente, además tienes que ser tú quien opere el negocio ya que yo tengo mis propias obligaciones. –

Antes de que siguiera hablando, ahora era Tachito quien lo interrumpía.

– Agradezco tu tiempo y lo que estás ofreciendo, sin embargo no es lo que estoy buscando. – Después de decir esto, Tachito se despidió deseándole éxito.

Una vez en casa retomó el análisis de su negocio y estuvo a punto de regresar para aceptar la propuesta del hijo del tendero, aunque se contuvo, pensó las cosas y ya más tranquilo decidió generar una estrategia, así como nuevas proyecciones basadas en la realidad que acababa de experimentar.

Tachito pidió a sus padres que lo cambiaran al turno vespertino en su colegio y así poder atender su negocio por las mañanas, aun tomando esta medida sabía que ya era necesario contratar a alguien más ya que su mamá no podría estar ayudándole durante toda la jornada, recordemos que ella tenía sus propias actividades.

REACCIÓN DE TACHITO ANTE EL ESCENARIO ACTUAL

Reacción de Tachito ante el escenario actual

Muy preocupado Tachito seguía atendiendo su negocio, sabía que no podía fallar ya que existía un horario anunciado y su responsabilidad era cumplirlo, además de la carga que estaba soportando se le presentaba una situación que le afectaba de otra manera, mientras trabajaba se dio cuenta que los niños que pasaban por ahí se reían de él, podía escuchar las risas y sus comentarios donde lo llamaban ***el niño loco que vendía limonadas,*** lo peor de todo no era eso, sino que también uno que otro adulto hacía burla de la labor que estaba desempeñando, en fin, Tachito hizo caso omiso y siguió adelante aún más entusiasmado.

Era hora de aplicar la estrategia que había planeado, publicó imágenes y frases creativas en las redes sociales, imprimió calcomanías del logotipo de su negocio donde se incluía el domicilio y llegó a un nuevo acuerdo con el repartidor del agua, cada que llegara a la colonia el primer punto de entrega sería su establecimiento para poder colocar un sticker a cada garrafón que fuera a entregar en las casas más cercanas, a cambio le daría una bebida del tamaño y el sabor que él quisiera, de esta manera lograba introducir publicidad en los hogares, y aunque al repartidor no le correspondía pasar a diario decidió hacerlo ya que ambos se veían beneficiados.

Tachito ya sabía que sería bueno tener mobiliario para darle a los clientes la opción de poder disfrutar sus bebidas en el establecimiento, si no había realizado esa inversión era porque no quería comprometer su liquidez, sin embargo ante la situación actual decidió adquirir un par de mesas con sus respectivas sillas, hacía todo esto porque su objetivo era aumentar sus ventas y pensaba que mejorando la experiencia del cliente lo conseguiría.

Tachito seguía preocupado y aunque intentaba disimularlo su mamá lo notó, así que le preguntó directamente qué estaba pasando, fue sincero y le dijo que las cosas no estaban saliendo como él esperaba, que los días pasaban y las ventas no mejoraban, sumado a eso tenía que contratar a alguien y no contaba con dinero suficiente, eso le causaba frustración porque a pesar de haber realizado un análisis y proyecciones que indicaban que el negocio podría funcionar, sabía que eso no ocurriría durante los primeros meses y no contaba con suficiente liquidez para soportar ese periodo.

– Mira hijo, no nos preocupemos, mejor vamos a ocuparnos, aquí me tienes a mí, ya sabré arreglármelas con lo de la venta por catálogo, además tengo claro que no me voy a conformar, yo también tengo fe en este proyecto y en ti veo lo que yo no intenté por miedo a fracasar, así que juntos vamos a generar esas ventas para poder lograr tus objetivos, el hecho de que sea yo quien trabaje aquí no debe ser motivo ni de conformismo ni de tranquilidad, sino de exigencia porque tengo que suplir el sueldo que dejaré de percibir por hacer a un lado mis otras actividades, así que manos a la obra, pensemos juntos y veamos esto como un reto y no como un problema, si tienes pensamientos negativos y comienzas a decirte que no puedes tu mente se cerrará, por otro lado, si piensas en cómo salir de esta dificultad tu mente se abrirá y surgirán posibles soluciones. – Dijo su madre con mucha comprensión.

Así ella lo ayudó con todo lo que implicaba atender el negocio y juntos buscarían conseguir los objetivos.

Tachito imprimió más volantes y se puso a repartirlos, ella en cambio acudiría a una financiera para asesorarse sobre préstamos dirigidos a negocios por si acaso se llegaba a requerir, ambos creían en el proyecto y confiando en eso estaban dispuestos a adquirir semejante responsabilidad puesto que lo veían como una inversión.

Tachito ahora se sentía más tranquilo por el apoyo de su mamá. Tenía una sensación de bienestar, entusiasmo y una actitud positiva, después de dos semanas comenzaba a notar una mejora, el negocio incrementó sus ventas y una vez llegado el fin de mes decidió realizar un nuevo análisis. Se percató de que la venta fue de $11,512.06, prácticamente el doble de lo que había vendido anteriormente, esto le causó gusto, aunque sabía que aún no era suficiente.

De manera generalizada el análisis de Tachito quedaba de la siguiente forma:

- Juego de dos mesas con sus sillas.

  $ 2,000.00

- Incremento del gasto por degustaciones, así como bebidas pagadas al repartidor de agua.

  $ 750.00

- Stickers del logotipo y folletos.
  $ 500.00

- ***Pautar**** publicidad en las redes sociales para generar un mayor alcance.
  $ 750.00

*Pautar: Entiéndase como la selección del público objetivo a quien se le quiere dirigir la publicidad utilizando las herramientas de las redes sociales, mismas que requieren de un pago para así poder generar un mayor alcance.

- Venta.

  $ 11, 512.06

- Gasto variable considerando merma.

  $ 6, 187.73

- Gasto fijo considerando sólo el servicio público.

  $ 240.00

- Liquidez comenzando el segundo mes de operaciones.

  $ 5,176.09

- Ingreso mensual generado por su mesada.

  $ 800.00

Tomando en cuenta todo lo anterior Tachito cerraba el segundo mes y comenzaba el tercero con una liquidez de **$7,060.42**. Una vez elaborado este desglose, se sentía motivado, sin embargo esa cantidad no cubría la proyección ni siquiera del escenario pesimista y esto le preocupaba, a pesar de que su mamá le ayudaba de todo corazón él quería poder ofrecerle un sueldo, ya que era ella quien se encargaba de la operación del negocio puesto que él ya había regresado al colegio.

Tachito sabía que tenía que generar $5,093.94 más para poder cumplir el escenario pesimista y de esta manera alcanzar el ***punto de equilibrio****, si lo conseguía incluso podría generar cierto brote de utilidades, si lograba llegar a ese escenario lo primero que haría sería pagarle un sueldo a su mamá, y aunque teóricamente él ya podría pagarse un sueldo había decidido no hacerlo, ya que lo que realmente le interesaba era acumular liquidez, también había decidido que destinaría el 50% de su mesada para sus gastos en el colegio y el otro 50% lo invertiría en el negocio.

*Punto de equilibrio: Entiéndase como punto donde el negocio genera la misma cantidad en ingresos como en gastos, también es conocido como punto crítico.

Para poder llegar al objetivo del siguiente mes tendría que haber un incremento de 13 bebidas por día en promedio, es decir 997 en total, para lograrlo Tachito continuó con su estrategia publicitaria, aunque decidió que incrementaría el presupuesto destinado a las redes sociales, quedando repartido de la siguiente manera:

- Gasto por degustación y pago de bebidas al repartidor de agua.

  $ 750.00

- Stickers publicitarios para pegarlos en los garrafones.

  $ 250.00

- Pautar publicidad en las redes sociales.

  $ 1,000.00

Dando un total de $ 2,000.00

Conforme el mes transcurría Tachito veía clientes nuevos, algunos pedían sus bebidas para llevar mientras que otros las disfrutaban en el establecimiento, todo indicaba que el negocio estaba mejorando.

A fin de mes realizó cuentas, esta vez el resultado era más alentador, habían logrado vender $14,144.34, con esto ya podía pagarle el sueldo a su mamá.

El desglose fue el siguiente:

- Degustación y bebidas al repartidor.

  $ 750.00

- Stickers para los garrafones.

  $ 250.00

- Publicidad pautada en redes sociales.

  $ 1000.00

- Venta.

  $ 14,144.34

- Gasto variable considerando merma.

  $ 7,602.58

- Gasto fijo considerando únicamente el servicio público y el sueldo de su mamá.

  $ 3,080.00

Tomando en cuenta que comenzó el tercer mes con una liquidez de $7,060.42 lo cerraba y comenzaba el cuarto con $8,922.18, después de realizar las cuentas y haber podido pagar un sueldo a su mamá Tachito se llenó de alegría, aunque no olvidaba que muy pronto comenzaría a pagar la parte proporcional de la renta, por lo que decidió modificar sus objetivos, llevando el escenario pesimista hasta los $20,756.00, debido a esto haría unos cambios en su estrategia, ya no daría degustaciones y con ese dinero incrementaría aún más el presupuesto destinado a las redes sociales.

Siendo así, los escenarios para el negocio de Tachito habían quedado de la siguiente manera:

- Escenario pesimista.

  $ 20,756.00

- Escenario moderado.

  $ 29,059.00

- Escenario optimista.

  $ 37,362.00

A pesar de que los nuevos objetivos parecían más difíciles de alcanzar, conseguirlos le daría más confianza, por ende, sería más sencillo cumplir con sus compromisos, confiaba en el hecho de que aumentar el gasto publicitario rendiría frutos que se verían reflejados en la venta.

El cuarto mes transcurría, Tachito y su mamá trabajaban cada vez de manera más coordinada, esto representaba un mejor servicio para sus clientes; ambos veían que su clientela continuaba regresando y que por lo regular llegaban con más personas que decían cosas como "Mira, éste es el lugar del que te hablé" o "Éste es el lugar que te recomendé", esto los alentaba, aunque lejos de confiarse se esmeraban más en la elaboración de sus bebidas y en mantener un buen servicio, cabe mencionar que la amabilidad era algo que los distinguía.

El mes finalizaba logrando una venta de $ 18,009.46, con esto se cubría el primer escenario pesimista, afortunadamente había hecho modificaciones basándose en las nuevas necesidades del negocio, de no haberlo hecho, estarían persiguiendo objetivos erróneos, la publicidad era algo indispensable, esto ayudaba directamente al crecimiento del negocio y no quería cometer el error de pensar que como no había suficiente venta entonces no podría asignarle un presupuesto, para ellos la promoción era de vital importancia.

Hasta este punto el negocio aún no era capaz de alcanzar el actual escenario pesimista, sin embargo estaba ocurriendo algo importante, además de que su clientela aumentaba.

Concluyeron que en el transcurso del día había horas muy tranquilas, tiempo muerto por así decirlo, también notaron que había personas que transitaban por el lugar y que aún no probaban sus bebidas, tenían que tornar esa situación de manera favorable.

Todo estaba mejorando, Tachito había tenido dificultades en más de una ocasión, cabe mencionar que el apoyo de sus papás ayudaba a soportar la situación, de haber emprendido su negocio en otro lugar, muy diferente sería la forma de hacerle frente a los retos por los que pasó, quizás ya se habría terminado la liquidez, hubiera tenido que concretar una sociedad o bien recurrir a un préstamo que tendría que arrastrar con el paso del tiempo.

En fin, Tachito tenía que hacer el desglose mensual como cada cierre, este mes tampoco se daría un sueldo, por lo que quedaba de la siguiente manera:

- Bebidas para el repartidor.

  $ 250.00

- Stickers para los garrafones.

  $ 250.00

- Publicidad pautada en redes sociales.

  $ 1,500.00

- Venta.

  $ 18,009.46

- Gasto variable considerando merma.

  $ 9,749.38

- Gasto fijo considerando el servicio público y el sueldo de su mamá.

  $ 3,080.00

Tomando en cuenta que este mes comenzó con $8,922.18, lo cerraba e iniciaba el quinto con una liquidez de $12,505.26.

Iniciaban las actividades del siguiente periodo y Tachito ya planeaba una nueva estrategia publicitaria para continuar incrementando la venta, se le ocurrió modificar nuevamente el presupuesto para poder imprimir y repartir cupones que ofrecieran un 10% de descuento a todo aquél que los presentara en su establecimiento, para tener un mayor control colocó una vigencia de un mes, siendo el quinto día cuando comenzó a entregarlos.

Conforme pasaban los días observó cómo su estrategia surtía efecto, tanto clientes conocidos como nuevos acudían a hacer válido su cupón, Tachito los reutilizaba y los volvía a repartir, estaba dispuesto a dejar de percibir ese 10% con tal de incrementar el volumen de sus ventas.

El mes terminó y Tachito vio mejoras, había logrado llegar a la cifra de $24,007.06, siendo este un notable incremento; por un momento pensó que el descuento del 10% había sido una mala idea y que de no haberlo hecho habría percibido mayor ganancia, de inmediato entró en razón dándose cuenta que sin esa estrategia no habría llegado a esos números. Estaba consciente de que por el mismo esfuerzo e inversión en la producción se percibiría un margen menor, aun así quedaba satisfecho, siempre y cuando esto no le afectara más allá de lo que realmente pudiera soportar.

El desglose del mes quedaba de la siguiente manera:

- Bebidas para el repartidor.

  $ 250.00

- Stickers para los garrafones.

  $ 250.00

- Publicidad pautada en redes sociales.

  $ 1,000.00

- Impresión de cupones.

  $ 500.00

- Venta.

  $ 24,007.06

- Gasto variable considerando la merma.

  $ 13,172.43

- Gasto fijo considerando el servicio público y el sueldo de su mamá.

  $ 3,080.00

Tomando en cuenta que inició el mes con $12,502.26 Tachito lo cerraba e iniciaba el sexto con una liquidez de $18,656.89.

A pesar de que el negocio comenzaba a acumular un capital ya sólo le quedaba un mes para hacerse responsable del primer pago parcial de la renta, por lo que tenía que pensar en más y mejores estrategias que le ayudaran a conseguir el escenario moderado y así sentirse más tranquilo.

Cabe mencionar que los cupones promocionales aún tenían cinco días de vigencia, y aunque en esta ocasión Tachito repetiría la estrategia optaría por darle un mayor alcance en el área, por lo que tendría que salir a repartir a colonias aledañas y lugares públicos cercanos, incluso pediría apoyo a uno de sus amigos para que repartiera mientras él y su mamá operaban el negocio.

Para esto Tachito acudió a la imprenta y ordenó más cupones, esta vez pediría que agregaran un pequeño mapa que indicara cómo llegar al negocio, también modificó la vigencia de la promoción, sin embargo el descuento continuaría siendo del 10%; debido a los resultados positivos de sus estrategias Tachito ya pensaba que una mayor venta representaría un incremento de producción, por lo que valoraba la opción de contratar a una persona más.

A estas alturas Tachito ya tenía una idea más clara de lo que implica tener un negocio propio, se repetía a sí mismo *"con todo este trabajo, proyecciones y retos ahora entiendo por qué no todos emprenden, o porque varios negocios cierran al poco tiempo de abrir",* y es que no cualquiera podría soportar lo que él si estaba superando.

El mes transcurría y fuera del negocio se repartían cupones durante los tiempos muertos, el amigo que los estaba apoyando desempeñaba un excelente trabajo llegando a todos los lugares claves que se le habían indicado, Tachito estaba consciente de que no todo aquél que recibiera un cupón acudiría a canjearlo, aunque esperaba que tarde o temprano esas personas acudieran a su negocio, quizás ya no por el descuento, simplemente por el gusto de disfrutar una bebida.

Se aproximaba el séptimo mes y con ello el primer pago de renta, Tachito se sentía tranquilo porque había dinero en la caja, liquidez acumulada y todo indicaba que estaba generando una clientela constante, además de que el canje de cupones tenía muy buenos resultados.

El mes finalizó con una venta de $28,747.30, nuevamente había un incremento, a pesar del reto que representaba para el negocio el clima de invierno.

Tachito estaba logrando que su negocio creciera, por su edad no contaba con los suficientes conocimientos, sin embargo todo lo que investigó antes de emprender le estaba siendo de gran utilidad, en esta ocasión el desglose fue el siguiente:

- Bebidas para el repartidor.

  $ 250.00

- Stickers para los garrafones de agua.

  $ 250.00

- Publicidad pautada en redes sociales.

  $ 1,000.00

- Impresión de los nuevos cupones.

  $ 750.00

- Pago realizado a su amigo por la repartición de cupones.

  $ 250.00

- Venta.

  $ 28,747.30

- Gasto variable considerando merma.

  $ 15,854.63

- Gasto fijo considerando el servicio público y el sueldo de su mamá.

  $ 3,080.00

El mes que concluía lo inició con $18,656.89, lo cerraba y comenzaba el séptimo con $26,369.56, considerando que la venta continuaba incrementando Tachito platicó con su mamá sobre contratar a una persona más ya que a pesar de haber logrado dar un buen servicio hubo momentos en los cuales notaron una mayor carga de trabajo, misma que de no ser atendida podría llegar a afectar en la atención al cliente y esto implicaría comentarios negativos así como posibles pérdidas de clientela, por este motivo comenzó con el proceso de contratación confiando en las ventas y la liquidez que había generado hasta ahora.

Tachito publicó la vacante y en cuestión de días ya contaban con una nueva colaboradora, durante la primera semana se dedicó a capacitarla, una vez que dominó las funciones que su puesto requería pasó a formar parte de la operación, rápidamente se notó una mejora en el desarrollo del trabajo, los clientes se notaban contentos y se retiraban más satisfechos.

Durante ese mes Tachito se dio a la tarea de charlar con el repartidor del agua para pedirle que de favor entregara los garrafones con sticker en las casas donde no lo había hecho antes y así alternar los domicilios periódicamente, también habló con el velador de la cuadra, primero le agradeció por sus servicios, haciéndole saber que mientras el negocio estuviera abierto tuviera la libertad de pasar a beber agua, y que un día a la semana pidiera la bebida que él quisiera sin costo alguno, Tachito lo hacía de corazón y con sinceridad, aunque estratégicamente buscaba tener mayor presencia del velador en su establecimiento ya que cada día acudían personas desconocidas y aumentaba el flujo de dinero, por lo que la imagen de una autoridad ofrecería más confianza para todos.

Durante el séptimo mes ya no se repartirían los cupones de la promoción, en cambio se optaría por incrementar la publicidad en las redes sociales apoyándose de un diseñador profesional para generar mayor impacto, Tachito estaba decidido a seguir publicitando su negocio, quería que un mayor número de personas lo conocieran, incluso pensaba que si llegara a lograr el escenario optimista él continuaría promocionándolo, siempre intentaría llegar a nuevos prospectos así como mantener a su clientela actual. De hecho esto no es sencillo, hay que cumplir con las expectativas del cliente una vez que llega al establecimiento, ser coherente con lo que se anuncia y lo que se ofrece en realidad es muy importante.

Todo transcurrió de acuerdo al plan, se logró hacer publicidad en más hogares por medio del repartidor del agua, el velador hizo acto de presencia de manera constante y los clientes lo tomaron como algo positivo, de esta manera el mes finalizó y se lograba una venta de $ 34,377.91, el esfuerzo y el empeño de todos estaba dando buenos resultados, sin embargo Tachito se mantenía con la idea de que no había certeza que el negocio continuara a la alza, es por eso que no debía confiarse, era algo que tenía muy claro.

Debido a la vigencia de los cupones todavía se canjearon algunos durante los primeros cinco días, tomando esto en cuenta el desglose del mes se resumía de la siguiente manera:

- Gasto por bebidas al repartidor.

  $ 250.00

- Stickers para los garrafones.

  $ 250.00

- Publicidad pautada en las redes sociales.

  $ 1,500.00

- Honorarios del diseñador.

  $ 500.00

- Gasto por bebidas al velador.

  $ 100.00

- Venta.

  $ 34,377.91

- Gasto variable considerando merma.

  $ 18,590.06

- Gasto fijo considerando el servicio público, sueldo de su mamá y de la nueva colaboradora, pagos parciales de la renta y servicios.

  $ 6,620.00

Tomando en cuenta que inició el séptimo mes con $ 26,369.56, Tachito lo cerraba y comenzaba el octavo con una liquidez de $ 33,337.41.

En esta nueva etapa Tachito tenía ideas más ambiciosas, quería realizar algunas remodelaciones a la cochera donde había montado su negocio ya que cada día eran más los clientes que decidían disfrutar sus bebidas en el establecimiento, tenía que ofrecerles un mejor servicio en todos los sentidos y esto incluía pensar también en otro tipo de necesidades que se tenían que cubrir, se estaba volviendo común que las personas que tenían cierta permanencia en el lugar preguntaran por los sanitarios, por lo que ocasionalmente solicitaban poder usar el baño, entonces él tenía que permitirles pasar a su casa, esto representaba un riesgo potencial para su hogar así como una situación incómoda para su clientela.

Para poder comenzar con el proyecto de remodelación Tachito habló con su mamá y le contó sus intenciones, a ella le pareció muy buena idea y aprovechó el momento para abordar un tema que le parecía interesante y de suma importancia, le propuso a su hijo registrar el negocio ante la institución que vela por la salud de los ciudadanos, hacerlo también ante el municipio y en la dependencia que recauda los impuestos, le comentó que debido al crecimiento que se estaba generando en ventas así como en el consumo a proveedores ella creía conveniente estar dentro del marco legal. Propuso hacer los debidos registros a su nombre por cuestiones de que un requisito es ser mayor de edad, haciendo énfasis en que el negocio le pertenecía a él, agregó que se podía firmar un acuerdo donde se estableciera que al cumplir los años requeridos por la ley el negocio pasaría a ser de su propiedad ante las autoridades, confiaba en que Tachito entendería lo que intentaba decirle ya que era un niño muy inteligente y había investigado bastante sobre negocios y sus términos; y así fue, él comprendió y aceptó la sugerencia de su mamá, por lo que dicha actividad quedaba como un pendiente más.

La mamá de Tachito investigó acerca de los diferentes tipos de registros, el que llamó su atención fue uno llamado ***Régimen de nuevos contribuyentes,*** mismo que ofrecía diversos beneficios para los emprendedores, como el pago de impuestos de forma gradual anualmente entre otros, también recordó que tenían algunos conocidos que eran profesionistas en el área contable, les haría una visita para conseguir un poco de asesoría y así poder elegir a uno que les ayudara con la contabilidad del negocio, y por último solicitarían cotizaciones para el trabajo de remodelación de la cochera.

En esta ocasión Tachito nuevamente incrementaría el presupuesto a la publicidad que pautaba en redes sociales destinando $ 500.00 más, publicitarse seguía siendo parte de sus prioridades y más ahora que tenía que anunciar la remodelación, quería avisar a sus clientes para así evitarles molestias y a la vez generar expectativa acerca de la nueva imagen del negocio, sabía que tener que cerrar debido a los trabajos representaría una baja en sus ventas, sin embargo tenía la seguridad de que eventualmente se recuperaría ya que el cambio era para bien.

A mediados del mes la mamá de Tachito ya había logrado registrar el negocio en todas las dependencias que habían acordado, ya contaban con la persona que iba a llevar la contabilidad y después de evaluar distintas cotizaciones para la remodelación se formaron una idea del gasto que esto representaría.

Los nuevos gastos que se avecinaban le causaban cierta preocupación a Tachito, ya que esto implicaba una importante reducción en su capital acumulado.

El gasto para obtener el permiso municipal no se resintió como esperaban ya que les permitieron seguir pagando mensualmente como lo venían haciendo, únicamente les solicitaron guardar los boletos que el cobrador les entregaba y una vez que iniciara el segundo año de operaciones del negocio acudieran personalmente para cubrir los impuestos correspondientes por el año que comenzaba. Eso sí, la persona que los atendió fue muy enérgica y explícita cuando les recomendó fueran evaluando las medidas básicas de seguridad para protección de los civiles ya que eso es de vital importancia y un requisito indispensable para todo negocio.

Tachito y su mamá acudieron a **FERREMATER** (el negocio de su vecino) para pedir una cotización sobre los materiales que se requerían para la remodelación, justo al entrar fue el propio dueño quien inmediatamente salió a recibirlos, tenían una buena relación debido a que la señora había trabajado en su hogar, ella comenzó a explicarle lo que necesitaban y antes de que pudiera continuar el señor la interrumpió.

– Así que tú eres el que trae locos a todos los vecinos con tus bebidas ¿cierto? Te felicito, estás realizando un gran trabajo – dijo para después agregar.

–Han venido al lugar correcto, tenemos todo lo que pueden necesitar, incluso contamos con una agenda telefónica de varios maestros albañiles por si acaso algún cliente requiere de sus servicios ¡Mira! Aquí viene uno, ¡Maestro! Quiero presentarle a mis vecinos, tienen la idea de un nuevo proyecto de remodelación para su cochera en donde tienen un negocio, son buenas personas, cualquier cosa yo respondo por ellos, eso sí, el material lo compran aquí eh. – Dijo el dueño con una sonrisa y a tono de broma.

Tornando la plática de manera más seria se dirigió a ambos explicándoles que el maestro albañil era muy responsable y honesto, por lo que les pedía le permitieran ir a tomar medidas a la cochera para así poder realizar la cotización, tanto de su servicio como el de los materiales, incluso les prometió un descuento y un plan de **crédito*** si es que así lo requerían.

Tachito y su mamá se miraron muy contentos, a pesar de que hasta el momento habían pensado pagar todo de contado no descartaron la posibilidad de hacerlo a crédito, antes de retirarse agradecieron emotivamente a su vecino por la manera en que los estaba atendiendo.

– No tienen nada que agradecer, yo también viví lo que están pasando y si ahora Dios me tiene en esta posición siento que es mi deber apoyar cuando me sea posible, de cualquier manera no estoy regalándoles nada, sólo les ofrezco más facilidades. – dijo su vecino.

Después de llegar a un acuerdo con el maestro albañil se despidieron argumentando que lo esperaban al día siguiente por la mañana para que tomara medidas y realizara un listado de lo que necesitaría para las remodelaciones.

Muy puntual el maestro albañil se presentó, Tachito lo recibió y le pidió unos minutos para poder atenderlo ya que en ese momento estaban preparando unas bebidas, una vez desocupándose él y su mamá le explicaron la idea que tenían para la remodelación.

*Crédito: Entiéndase como facilidad que le otorga una institución a una persona o empresa para disponer de dinero, recibir un servicio o adquirir mercancía sin realizar un pago inmediato, o bien, aceptando uno inicial al que también se le conoce como enganche, comprometiéndose el deudor de manera escrita y firmada a realizar los pagos parciales en el tiempo acordado hasta cubrir el total con todo y los demás cargos que se pudieran generar.

Una vez que tomo las medidas comentó que podían pasar por la cotización al día siguiente a **FERREMATER**, sin embargo pidió amablemente lo dejaran darles una sugerencia.

– Ya que piensan hacer esta inversión y que su vecino les dará buen precio además de que les ofreció un crédito, ¿Por qué no hacen también una división que separe la entrada de su casa de la del negocio? Así sus clientes sentirán que vienen a un local comercial y no a una casa donde venden limonadas. – Sugirió el maestro albañil.

Tachito y su mamá intercambiaron miradas, siendo ella quien habló.

– Si toma las medidas necesarias ¿podría generar dos cotizaciones? Una solo con el costo de los sanitarios y otra incluyendo la división, así podríamos decidir mejor. –

– Sin problema alguno. – respondió el maestro albañil.

Ambas cotizaciones estarían listas al día siguiente, cabe resaltar que la sugerencia fue excelente, era una buena idea tanto si pretendían continuar con el negocio o si en algún momento determinado optaban por rentar el espacio como local comercial.

Durante el resto del día Tachito y su mamá trabajaron contentos y motivados imaginando cómo se vería el negocio una vez terminadas las modificaciones, al verlos así la nueva colaboradora trabajaba aún más entusiasmada, ella confiaba que haciendo bien su trabajo tendría seguro su empleo, además le gustaba ver triunfar a las personas.

Al día siguiente la mamá acudió a **FERREMATER** por las cotizaciones, Tachito no pudo asistir porque ya había pedido varios permisos en su colegio y no quería meterse en algún lío, sin embargo habían acordado que la decisión la tomarían juntos, la respuesta a su vecino se la darían hasta el próximo mes para así poder evaluar el que estaba en curso.

Las cotizaciones fueron las siguientes:

- Construcción de dos baños con retrete, uno contará con mingitorio y ambos compartirán un lavamanos al exterior.

$ 15,000.00

El precio incluye mano de obra y materiales.

Construcción de dos baños con retrete, uno contará con mingitorio y ambos compartirán un lavamanos al exterior.

- Construcción de un muro para dividir las entradas.

$ 30,000.00

El precio incluye mano de obra y materiales.

También se agregaban dos puntos importantes, el primero indicaba que si utilizaban el crédito para realizar el trabajo la empresa estaba en facultad de darles un año para terminar de pagarlo, accediendo a doce pagos mensuales con un interés fijo del 10% aplicado solo en una ocasión sobre el precio cotizado. El segundo señalaba que los precios de los materiales sólo eran válidos hasta veinte días después de que se emitió el documento.

El vecino ofrecía estas facilidades sin tantos requisitos por el hecho de conocerlos como personas honestas y trabajadoras, además de que sabía que su empresa podía soportar dicho plazo ya que a diario tenia ventas de mayor volumen y aunque ellos no lo sabían, su disposición por ayudarlos era tanta que estaba dispuesto a cubrir los honorarios del maestro albañil en caso de que se decidieran por hacer uso del crédito, algo que no hacia comúnmente.

Habiendo acordado que la respuesta se la darían el próximo mes, el empresario aceptó y quedó a sus órdenes junto al maestro albañil, este último se comprometió a que solo realizaría trabajos pequeños a otros clientes mientras llegaba la fecha y de este modo estar disponible para ellos.

Esa noche Tachito y su mamá charlaron, ella lo puso al tanto de la situación y le entregó las cotizaciones para que las revisara, él sabía que lo mejor para el negocio era optar por el trabajo completo, sin embargo e independientemente del tema financiero tenían que involucrar a su padre ya que la decisión debía ser tomada en conjunto.

Llegó el fin de mes y la venta fue de $38,001.46 y como siempre, se realizaba el desglose quedando de la siguiente manera:

- Gasto de bebidas para el repartidor.

  $ 250.00

- Stickers para colocarlos en los garrafones.

  $ 250.00

- Publicidad pautada en redes sociales.

  $ 2,000.00

- Honorarios para el diseñador.

  $500.00
- Gasto de bebidas para el velador.

  $100.00
- Venta.

  $ 38,001.46
- Gasto variable considerando la merma.

  $ 20,425.78
- Gasto fijo considerando el servicio público, sueldo de su mamá, el de la colaboradora, pagos parciales de la renta y servicios.

  $ 6,620.00

Tomando en cuenta que inicio el octavo mes con $ 33,337.41 lo cerraba y comenzaba el noveno con una liquidez de $ 41,593.09. Con estas cifras tenía más claro el panorama y estaba listo para tomar una decisión respecto a los trabajos de remodelación, aunque todavía faltaba abordar el tema con su padre. Esa noche Tachito y su mamá decidieron que era momento de platicarlo en familia, explicaron lo que tenían pensado y cómo los beneficiaría, una vez que expusieron sus ideas, por un momento hubo un silencio, posteriormente y con una sonrisa el padre de familia comentó.

– ¡Adelante! Si financieramente está dentro de sus posibilidades no veo porque no, es algo que nos beneficiará a todos, háganlo. –

No tenían una gran solvencia financiera para hacerle frente a los gastos sin preocuparse, sin embargo sabían que era una inversión necesaria que les ayudaría bastante con el logro de sus objetivos.

De esta manera comenzaban un mes más, recordemos que ***LEMONS Bebidas refrescantes*** ya estaba registrado en tres instituciones muy importantes y por tal motivo ahora podía considerarse como un negocio formal.

Durante el transcurso del mes ambos continuaban firmes con la administración y operación del negocio, se dieron tiempo para ir a **FERREMATER** y ahora sí llegar a un acuerdo con el dueño, siendo este el siguiente:

La empresa **FERREMATER** sería responsable en su totalidad de la obra que se realizaría en las instalaciones donde se ubica **LEMONS Bebidas refrescantes,** cosa interesante ya que por lo regular únicamente se responsabilizaba por los materiales. El trabajo se llevaría a cabo los últimos quince días del mes en curso, **LEMONS Bebidas refrescantes** representada por la mamá de Tachito había acordado utilizar el crédito únicamente para el 50% del costo del proyecto, para esto pagaría $ 7,500.00 al iniciar las labores y una vez terminado el trabajo se entregarían los otros $ 7,500.00, quedando en deuda $15,000.00 más el interés del 10% por motivos del crédito, siendo un total de $ 16,500.00.

misma cantidad que su mamá se responsabilizaba a saldar firmando un pagaré, la deuda se liquidaría mediante pagos mensuales durante los próximos 12 meses, esto implicaba pagos de $ 1,375.00. El trato estaba cerrado, sin embargo habían olvidado que se necesitaría pintar y tanto la pintura como mano de obra no estaba considerada en la cotización; por lo que el dueño de la ferretería argumentó que una vez que decidieran el color les haría llegar una nueva cotización, Tachito alzó la mano en señal de que pedía la palabra.

– Con todo respeto señor, ya que seguramente el trabajo de pintura se realizará iniciando el siguiente mes ¿Será posible que el pago lo realicemos posteriormente? Usted sabe, nos tenemos que recuperar. –

– Claro que sí Tachito, no hay ningún problema y menos con ustedes, siempre y cuando sea antes de que termine ese mes – Dijo el empresario.

Habiendo cerrado el trato se avecinaba mucho trabajo, era necesario aprovechar los primeros quince días para maximizar las ventas y conseguir nuevos clientes, por lo que Tachito y su mamá realizando un mayor esfuerzo, decidieron mantener el negocio abierto tres horas más de lo normal buscando compensar los días que estuviera cerrado, era algo que tenían que platicar con la colaboradora para ver la posibilidad de que trabajara tiempo extra, fue la mamá quien se dio a la tarea de explicarle la situación:

– Necesito decirte algo, el negocio permanecerá cerrado aproximadamente 17 días por motivos de remodelación, por lo que la primera quincena queremos aprovecharla al máximo, es por eso que necesitamos saber si nos puedes apoyar tres horas más por día durante ese periodo, tendrás libre el resto del mes teniendo que regresar cuando inicien los trabajos de pintura para nosotros aprovechar e ir acomodando, deseamos lucirnos con la nueva apariencia del negocio-. Dijo la mamá de Tachito.

Le dejó claro que su sueldo no se vería afectado los días que no trabajara, que eso no tenía que preocuparle, la invitó a que aprovechara sus días libres para relajarse o hacer cosas personales, era muy importante que llegara cargada de energía porque se avecinaba una nueva y buena etapa para el negocio. La colaboradora aceptó sin problema alguno, en primera porque le gustaba lo que hacía y el ambiente laboral, en segunda porque le entusiasmaba la idea de que algo mejor estaba por venir.

Transcurría el mes y si bien es cierto que durante las horas adicionales no se estaba vendiendo grandes cantidades de bebidas, algo importante estaba sucediendo, clientes nuevos llegaban y salían satisfechos de lo que **LEMONS** ofrecía, además de que se les daba información sobre los horarios regulares, promociones y detalles de la próxima remodelación.

Tachito dedicaba más tiempo a la publicidad en redes sociales anunciando los productos de **LEMONS** e informando constantemente sobre la remodelación, resaltando que cosas buenas se veían venir y que sus clientes podían esperar lo mejor, con esto pretendía generar curiosidad en su clientela habitual y en los prospectos para que acudieran a conocer el local renovado y mejorado en cuanto hiciera la reapertura.

Los días de remodelación iniciaron, en este punto ya sabían que colores usar y ya habían recibido la cotización por parte del dueño de **FERREMATER** quedando en $2,500.00.

Los días de remodelación terminaron, por cierto Tachito los aprovechó muy bien para ponerse al corriente con sus estudios, porque la verdad es que sí andaba fallando en una que otra materia. Los trabajos de pintura comenzaban, la colaboradora regresó, todos se dispusieron a terminar detalles y ordenaban para reanudar operaciones.

Antes de la reapertura Tachito decidió hacer el desglose del mes, por un instante y debido a la emoción casi lo olvidaba, es que en verdad el negocio parecía otro, se veía mejor, habían logrado un mayor confort, en fin, los datos fueron los siguientes:

- Gasto en bebidas para el repartidor.

  $ 250.00

- Stickers para los garrafones.

  $ 250.00

- Publicidad pautada en redes sociales.

  $ 2,000.00

- Honorarios del diseñador.

  $ 500.00

- Gasto por bebidas al velador.

  $ 100.00

- Venta en la quincena que se laboró.

  $ 22,807.54

- Gasto variable considerando merma.

  $ 12,259.05

- Gasto fijo considerando el servicio público, sueldo de su mamá, el de la colaboradora, pagos parciales de la renta y servicios, así como los honorarios por la contabilidad.

  $ 7,120.00

Tomando en cuenta que comenzó el noveno mes con $41,593.09, que había pagado la primera parte de la construcción equivalente a $15,000.00, Tachito lo cerraba y comenzaba el décimo con una liquidez de $ 27,321.58.

Como podemos ver seguía sin pagarse un sueldo, aunque la historia comenzaba a tener cambios favorables, posteriormente regresaría una persona a quien él conocía y no vendría con las manos vacías, lo haría con una propuesta interesante.

Antes de reactivar operaciones Tachito y su mamá decidieron acudir al sacerdote de la colonia, le pidieron de favor que pasara a bendecir su negocio, ellos todos los días se encomendaban a Dios para que todo saliera bien, sin embargo obtener la bendición por medio del sacerdote era muy significativo para el proyecto, así comenzarían esta etapa con gran entusiasmo, recordemos que Tachito gustoso participaba del catolicismo por enseñanza de sus padres, y a pesar de que su colaboradora no compartía las mismas creencias guardó silencio y mostró seriedad durante las oraciones que el sacerdote ofreció, cabe mencionar que la relación entre ellos era de mutuo respeto.

El presupuesto destinado a la publicidad era el mismo, sin embargo Tachito le había indicado al diseñador que el objetivo actual era hacer énfasis de la reapertura y remodelación, la clientela necesitaba saber que **LEMONS** estaba de vuelta y mejor que nunca.

El mes transcurría y los clientes habituales continuaban visitando **LEMONS**, el equipo recibía felicitaciones por la remodelación y todos se sentían orgullosos al punto de trabajar con más entusiasmo, nuevos clientes llegaban argumentando que habían pasado antes por ahí sin llegar a tener claro que es lo que vendían, en un principio la mayoría pensaba que en el establecimiento únicamente ofrecían aguas frescas de limón, cada comentario no pasaba en vano ante los oídos de Tachito, él sabía que representaban oportunidades para conocer los aspectos que podía mejorar y estaba dispuesto a escucharlo todo.

Para este mes Tachito ya quería pagarse un sueldo, una nueva consola de video juegos había sido lanzada a la venta y quería comenzar a ahorrar para comprársela, sin embargo tenía claro que en este periodo hacerle frente a los dos pagos adicionales del negocio era un gran reto, con esto en mente controlaba su impulso diciéndose a sí mismo "Primero **LEMONS**, ya habrá tiempo para lo demás".

¿Recuerdan que el décimo mes traería de regreso a alguien? ¿Quién creen que era? El hijo del tendero, aquél a quien Tachito había buscado en su momento para crear una sociedad, esta vez quien venía con la propuesta era él.

– Buen día Tachito ¿Cómo estás? ¿Qué tal te va? – Dijo el hijo del tendero mientras entraba al negocio.

– Por mi dedicación, la ayuda de Dios y de todos los integrantes del equipo ¡Nos está yendo muy bien! – Contestó Tachito mientras acomodaba algunas cosas sobre la mesa de trabajo.

– Me alegro Tachito, ya dejando las formalidades de lado, he venido a ofrecerte una nueva propuesta para la sociedad, qué te parece si el negocio de mi papá te surte los limones, esta vez podrás pagar la cuenta cada mes y no cada quincena, eso no es todo, te ofrezco $ 15,000.00 en efectivo a cambio del 50 % de todo lo que abarca tu negocio, y como veo que marcha bien no estaría mal que te dedicaras a esto de tiempo completo, podrías dejar el colegio para estar aquí 24/7, o bien podrías estudiar en línea. – Argumento el prospecto.

Tachito lo escuchaba mientras le pasaban cientos de cosas por la mente y en cuanto el hijo del tendero dejó de hablar le respondió.

– Agradezco tu propuesta y el interés que muestras en **LEMONS**, mi negocio, el problema es que por ahora no estoy buscando un socio, si así fuera sería para abrir otro, y jamás dejaría el colegio, afortunadamente la operación que he logrado me permite seguir estudiando, así que te reitero el agradecimiento y no te preocupes, cualquier cosa yo te aviso. – Terminó por decir Tachito mientras la mueca del hijo del tendero se transformaba en un gesto serio y molesto.

Este dio media vuelta y se despidió entre murmullos, mientras que Tachito continuó atendiendo su negocio.

A finales del mes se notó una baja en el flujo de clientes afectando las ventas, Tachito se preocupó un poco, sin embargo se mantuvo firme con la decisión que había tomado sobre la propuesta de asociarse, en esta ocasión no pasó por su mente arrepentirse, mejor optó por hacer un análisis sobre lo que estaba pasando, logrando concretarlo junto con un listado de acciones a tomar, además de que ya le tocaba hacer el desglose mensual el cual quedo de la siguiente manera:

- Gasto por bebidas al repartidor.

  $250.00

- Stickers para los garrafones.

  $ 250.00

- Pautar publicidad en redes sociales.

  $ 2,000.00

- Honorarios para el diseñador.

  $ 500.00

- Gasto de bebidas para el velador.

  $ 100.00

- Venta del mes.

  $ 37,001.86

- Gasto variable considerando merma.

  $ 19,888.49

- Gasto fijo considerando el servicio público, sueldo de su mamá, el de la colaboradora, pagos parciales de la renta y servicios, así como los honorarios por los servicios contables.

- $ 7,120.00

Tomando en cuenta que comenzó el décimo mes con $27,321.58, que había pagado el trabajo de pintura y abonado al crédito de **FERREMATER**, Tachito lo cerraba y comenzaba el undécimo con una liquidez de $ 30, 739.95.

Este mes para Tachito había sido muy significativo por todo lo que tuvo que afrontar, sabía que todo lo aprendido serían lecciones que lo acompañarían durante su vida.

Análisis realizado de lo ocurrido en el décimo mes:

1. Los clientes acudieron a **LEMONS** con mayor frecuencia los primeros quince días.
2. Tuvo una venta menor a la del último mes que se trabajó completo y a la que había proyectado, esto representaba un retroceso.
3. Invertía una cantidad considerable de dinero en publicidad dentro de las redes sociales, sin embargo no la estaba dirigiendo del todo al público correcto.
4. Los stickers que pegaba a los garrafones tenían el mismo diseño desde que inició con esa estrategia y quizás ya era algo tan común que pasaban desapercibidos.

5. Varios clientes que optaban por tomar sus bebidas en el establecimiento argumentaban que no había nada que amenizara el rato, alguna pantalla con videos, música, etc. A pesar de que lo decían en voz baja, Tachito logró escuchar esa clase de comentarios en más de una ocasión, por este motivo la mayoría no pedía otra bebida, sino que terminaban la que tenían y se retiraban.
6. En la misma colonia habían inaugurado un local que ofrecía paletas heladas y nieves, cuyos precios eran muy bajos, incluso parecía que estaban por debajo o al costo de producción, de todo esto Tachito recién se enteraba.

Por lo que las medidas a implementar en su negocio de ahora en adelante serían las siguientes:

1. Asegurar que la publicidad pautada en redes sociales abarcara todo el mes, quería que sus anuncios tuvieran buena presencia y además fueran constantes en los móviles y ordenadores de sus consumidores. (Tachito creía que la carga de clientes en los primeros quince días se había generado por la curiosidad de los mismos de ir a conocer los cambios por la remodelación).
2. Pedir a todo el equipo que estuviera al pendiente de situaciones externas que pudieran afectar directa o indirectamente la operación y ventas del negocio, tales como aperturas de nuevos locales con giros comerciales similares al de ellos, reparación de calles, etc. Agregó que el aviso tenía que ser oportuno para tomar las medidas necesarias y así poder disminuir o evitar un efecto negativo en sus objetivos.

3. De acuerdo a los nuevos gastos que percibía el negocio era necesario disminuir el presupuesto destinado a la publicidad pautada dejando únicamente $ 1,200.00, para esto le indicaría al diseñador que las imágenes deberían ser más llamativas, que tuviera mayor cuidado con la selección del público objetivo y que antes de lanzar cada publicación ambos revisarían el contenido.
4. Modificación del diseño de los stickers que se pegan en los garrafones, esta vez sería más llamativo y más grande, el presupuesto destinado para esto sería el mismo sin importar que la cantidad de impresiones disminuyera, lo importante era lograr que se notara.
5. Adquisición de una pantalla TV SMART de 32", además se generaría una solicitud al proveedor de cable para tener una extensión en el negocio y así ofrecer una programación adecuada según el transcurso del día.

6. El personal deberá tener una actitud enfocada a generar más ventas, durante el mes tomarán cursos en línea para obtener conocimientos e ideas sobre cómo vender más.

El mes transcurría y Tachito se aseguraba de que todo lo enlistado para mejorar el negocio estuviera cumpliéndose, habló con el diseñador y acudió a la imprenta para pedir los nuevos stickers, se dio el tiempo para buscar junto con su mamá la pantalla TV SMART y después de verificar el precio en distintos lugares optaron por una de 32 pulgadas como lo habían planeado, el precio que pagaron fue de $5,500.00 y lo hicieron de contado, gasto que se reflejaría en el siguiente desglose, contactaron al proveedor de cable para solicitar una extensión hasta el negocio, aunque aquí se presentaba un pequeño problema, la empresa proveedora sostenía que de acuerdo a la explicación del técnico, el área donde querían la extensión se consideraba como otro domicilio, debido a que el servicio estaba contratado para casa habitación y su solicitud implicaba un negocio. Después de debatir un poco acerca del tema llegaron a un acuerdo, se conectaría una línea que llegara hasta el local y que el servicio estaría disponible únicamente durante seis meses, a partir del séptimo debían contratar uno de manera independiente, por cierto especial para local comercial, en cierta forma traería beneficios, el internet sería más rápido y contarían con una línea telefónica, Tachito rápidamente pensó que era una excelente idea por si acaso alguien quisiera hacer un pedido, aunque por ahora sólo se enfocaría en los puntos que ya había redactado, mientras tanto aprovecharían los seis meses que les estaban ofreciendo.

El mes casi llegaba a su fin, la clientela estaba respondiendo bien y no sólo durante la primera quincena, se notaba que los cursos de ventas estaban funcionando para todo el personal, los clientes que decidían quedarse ahora pedían más de una bebida mientras veían algo interesante en la pantalla, la verdad es que todo marchaba bien.

Llegó el momento de realizar el desglose, mismo que en esta ocasión quedó de la siguiente manera:

- Gasto en bebidas al repartidor.

  $ 250.00

- Nuevos stickers para los garrafones.

  $ 250.00

- Pautar publicidad en redes sociales.

  $ 1,200.00

- Honorarios del diseñador.

  $ 500.00

- Gasto en las bebidas al velador.

  $ 100.00

- Venta del mes.

  $ 39,500.86

- Gasto variable considerando la merma.

  $ 21,231.71

- Gasto fijo considerando el servicio público, sueldo de su mamá, el de la colaboradora, pagos parciales de la renta y servicios, así como los honorarios por los servicios contables.

  $ 7,120.00

Tomando en cuenta que el undécimo mes comenzó con $ 30,739.95, que había abonado en **FERREMATER** y que generó un gasto por $ 5,500.00 en la compra de la pantalla, Tachito lo cerraba y comenzaba el duodécimo con una liquidez de $33,114.10.

Iniciaba un mes crucial, con él cerraban el primer año de operaciones y querían hacerlo bien, había que pensar en nuevas estrategias para finalizarlo extraordinariamente y poder comenzar el nuevo como nunca, aunado a eso Tachito ya quería recibir su primer sueldo antes de que terminara el primer año de operación. Recordemos también que al comenzar la segunda etapa del negocio se tenía que pagar el total de la renta, ese gasto ascendería a los $1,200.00, el doble de lo que pagaba hasta ahora, como dato alentador cabe mencionar que la contadora les había explicado que por lo pronto no era necesario pagar impuestos por utilidades debido al tipo de negocio que tenían y el hecho de que estaba inscrito en el ***régimen de apoyo a los nuevos contribuyentes***, era un beneficio que tenían durante el primer año, después sería necesario responsabilizarse gradualmente de lo que le corresponde al gobierno, también les explicó que el padre de familia tenía que registrarse ante la dependencia que recauda los impuestos y así poder generar una factura cada vez que se pagara la renta, esto implicaba que no solamente tendrían que pagar los $1,200.00 sino que además el impuesto generado debido a la facturación.

Para este nuevo mes Tachito tenía decidido publicitar su negocio en una revista que se realizaba mensualmente y se repartía a los alrededores de su colonia, el costo por anuncio era de $350.00 y se imprimían dos mil ejemplares, el precio ya incluía la distribución.

Tachito reunió al personal para hablarles sobre la importancia de llegar a un excelente cierre anual. Tocó también un punto que había olvidado mencionar en el último reajuste de actividades y era el de la merma, les pidió reducirla ya que se estaba generando una pérdida considerable, por lo que les dio una capacitación acerca de nuevos métodos durante la operación y en el manejo de la mercancía en general.

El mes transcurría y los clientes llegaban uno tras otro, algunos pedían sus bebidas para llevar y otros decidían quedarse, los que se quedaban incluso llegaban a dejar propina, rápidamente el personal habló acerca de la repartición de la misma; Tachito no quería participar en el reparto, sin embargo como no percibía un sueldo, su mamá y la colaboradora decidieron que también habría una parte para él hasta que pudiera cobrar su salario completo; esto porque Tachito ya les había adelantado que ese mes había decidido cobrar por lo menos la mitad de lo que le correspondía de pago, de hecho tenía pensado que de poder hacerlo los $ 400.00 que percibía de mesadas e invertía en el negocio ahora comenzaría a ahorrarlos para sí mismo.

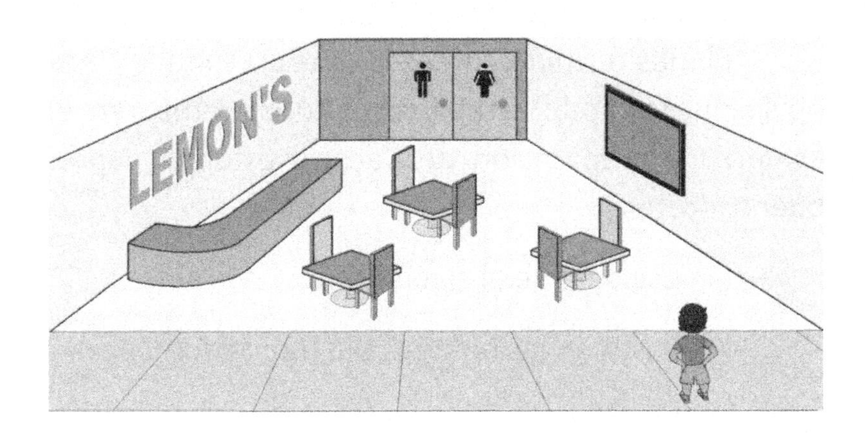

La intención de Tachito era ver que el negocio incrementara su liquidez, sólo de esta manera aceptaría pagarse un sueldo completo, después vendría la posibilidad de darse algún gusto, mientras tanto con la mitad del salario era suficiente para él.

El mes terminó con excelentes resultados, era obvio que no todo estaba resuelto, sin embargo el esfuerzo y preparación de Tachito estaban dando buenos frutos.

El desglose fue el siguiente:

- Gasto en las bebidas del repartidor.

  $ 250.00

- Stickers para los garrafones.

  $ 250.00

- Pautar publicidad en redes sociales.

  $ 1,200.00

- Honorarios del diseñador.

  $ 500.00

- Gasto en bebidas para el velador.

  $ 100.00

- Venta del mes.

  $ 46,264.82

- Gasto variable considerando la merma.
  $ 24,289.03

(La merma bajo un 2.5% gracias a las nuevas prácticas en la elaboración de las bebidas).

- Gasto fijo considerando el servicio público, los sueldos de los tres considerando que Tachito solo cobró la mitad, pagos parciales de la renta y servicios, así como los honorarios por los servicios contables.

  $ 8,540.00

Tomando en cuenta que comenzó el mes con $33,114.10, que en esta ocasión no había inyectado el porcentaje percibido por su mesada y que había abonado por tercera vez a **FERREMATER** Tachito cerraba el año con una liquidez de $ 42,524.89.

Al ver estos números a Tachito no le quedaba otra cosa que satisfacción y alegría, después de todo había sido un año difícil, y a pesar de las burlas de algunas personas, las propuestas injustas para generar sociedades y el propio reto que representaba emprender desde cero, había logrado cerrar el año con liquidez y con un negocio capaz de poder pagar un crédito, tres sueldos y aun así generar utilidades, Tachito estaba consciente que el próximo año venía con nuevos retos, entre ellos mantener el crecimiento, mejorar las condiciones de sus trabajadores y otras cosas más. Estaba muy contento y su mayor satisfacción era saber que su emprendimiento representaba ingresos para sus papás de diferentes maneras, notaba a su mamá muy contenta, todo marchaba bien y esto era sólo el principio.

Tachito no dejaría el colegio, sin embargo estaba decidido en continuar aprendiendo sobre negocios por su propia cuenta, sabía que estudiar de manera formal en una institución era algo bueno para su futuro, más no suficiente ya que el mundo al que nos toca hacerle frente a diario constantemente está evolucionando y él quería estar actualizado en todo lo que le fuera posible.

El día terminaba y todo estaba listo para la próxima jornada laboral, antes de cerrar la puerta Tachito le echó un vistazo a su negocio, algo dentro de él se iluminó, una calidez lo invadió y un pequeño golpe de adrenalina salió de su pecho y se precipitó hasta la punta de sus dedos, sonrió y cerró con llave, se giró, miró al cielo y entre un profundo suspiro, en su mente se dirigía a Dios ***Gracias por ayudarme y permitirme ser el niño "loco" que vende limonada$.***

Si has llegado hasta aquí queremos darte las gracias y decirte que este proyecto nos ha dejado grandes enseñanzas y esperamos que a ti también, la finalidad del libro es impulsar principalmente a los emprendedores, a que vayan por sus sueños y que en el proceso tengan una base para que lo hagan de una manera más organizada, con planeación financiera y buenas estrategias publicitarias.

Tachito tuvo suerte y la buena fortuna de contar con el apoyo de sus padres, sus abuelos y de más personas, seguramente tú también tienes a alguien que te apoye, de no ser así ¡No te decepciones! La mayoría de las veces el camino del emprendedor suele ser solitario, no todos comparten la euforia y la visión que los emprendedores tienen en las venas, no te desesperes, en algún momento llegarán las personas correctas.

Sé optimista y a la vez realista, equilibra tus emociones y acepta opiniones; se objetivo, emprende con humildad y honestidad sin dejar de ser ambicioso, hacer crecer tu negocio te permitirá generar fuentes de empleo y aportar mejoras a tu entorno contribuyendo con el crecimiento de la economía de tu país.

Gracias infinitas a ti, a nuestros lectores, a los que hicieron posible este libro, así como a los que creen en este proyecto.

Si te gustó **EL NIÑO AUDAZ QUE VENDÍA LIMONADA$** esperamos lo recomiendes.

Autor

Marco Israel Montes Medina

Instagram y Facebook @emprendeconmarcoisrael

YouTube Emprende con MARCO ISRAEL

Edición e ilustración:

Miguel Angel Mosqueda Juárez

Made in the USA
Monee, IL
30 October 2021

80799246R00095